O MULTIVERSO

DESMISTIFICANDO SEU PODER ESPIRITUAL

Dedico este livro a todas as almas que buscam se tornar versões melhores de si mesmas. Àquelas que se importam profundamente com suas vidas e com as vidas dos outros, que reconhecem a invencibilidade da luz e a vastidão do que há além do material. A vocês, que nunca desistem de descobrir seus propósitos e que estão em constante evolução, conectadas ao plano espiritual. Que esta jornada de transformação continue a iluminar seus caminhos.

E m um universo onde as fronteiras entre a ciência e a espiritualidade se entrelaçam, surge a figura iluminada de Tryv Tuath. Escritora, mentora e mestres das energias sutis, ela nos convida a percorrer os meandros do autoconhecimento e da cura através de suas experiências transformadoras. Com um olhar perspicaz que une a física e a filosofia, Tryv nos apresenta uma narrativa envolvente e acessível, onde os fenômenos energéticos são desmistificados e traduzidos em práticas que podem ser incorporadas ao cotidiano.

Como terapeuta e taróloga, ela mergulhou nas profundezas da espiritualidade, explorando a ritualística que conecta o ser humano ao cosmos. Suas palavras são mais do que simples instruções; são convites para uma jornada de descoberta, onde cada leitor poderá despertar seu potencial interior e compreender a dança das energias que nos rodeiam.

"O MULTIVERSO" não é apenas um livro; é um portal para uma nova maneira de enxergar o mundo, uma ode à sabedoria ancestral e uma celebração da sabedoria moderna. Prepare-se para ser guiado por uma mestra que combina conhecimento e intuição, ciência e espiritualidade, em uma obra que promete transformar a sua percepção e expandir suas possibilidades.

Descubra com Tryv Tuath como a luz que brilha dentro de você pode iluminar o caminho de sua vida

Boas-Vindas ao Leitor

Seja muito bem-vindo, querido leitor, a esta jornada fascinante que se desdobra nas páginas de "O Multiverso". Ao abrir este livro, você não apenas inicia a leitura de um novo conteúdo, mas embarca em uma exploração profunda e transformadora sobre a natureza da realidade, da energia pessoal e das infinitas possibilidades que nos cercam. Sinta-se à vontade para se acomodar, relaxar e abrir sua mente para as ideias que aqui serão apresentadas. Este é um espaço seguro, onde cada reflexão e cada conceito são pensados para ressoar em seu interior e inspirar mudanças significativas em sua vida.

Neste primeiro capítulo, vamos nos aventurar juntos pelo conceito intrigante do multiverso. O que é, afinal, o multiverso? Para muitos, essa palavra pode evocar imagens de ficção científica ou teorias complexas da física quântica. Contudo, aqui, buscaremos uma abordagem acessível e envolvente, que nos permita compreender não apenas o que é o multiverso, mas também como ele se entrelaça com a nossa própria existência. A ideia de que existem múltiplas realidades coexistindo, cada uma com suas próprias nuances, nos convida a refletir sobre a nossa jornada individual e coletiva. É uma oportunidade de expandir nossos horizontes e perceber que a vida é muito mais rica do que a realidade que nos é apresentada.

A história do conceito de multiverso é tão rica quanto intrigante. Desde os filósofos antigos que ponderavam sobre a natureza da realidade até os cientistas contemporâneos que nos oferecem novas perspectivas através da física moderna, a ideia de que existem outras dimensões e realidades paralelas tem sido uma constante na busca humana por conhecimento. Compreender essa evolução nos ajuda a valorizar a importância do multiverso em nossas vidas. Afinal, ao reconhecermos que somos parte de algo muito maior, começamos a entender como nossas energias pessoais se entrelaçam com o cosmos, moldando nosso destino e as experiências que vivemos.

Neste livro, você encontrará uma discussão aprofundada sobre a relação entre o multiverso e a energia pessoal. A interconexão entre as diferentes dimensões e a energia que emana de cada um de nós é um tema central que exploraremos. Você perceberá que suas emoções, pensamentos e intenções têm o poder de influenciar não apenas sua realidade, mas também as possibilidades que se desdobram diante de você. Ao longo das páginas, apresentaremos exemplos práticos que ilustram como essa energia pessoal pode ser uma força transformadora em sua vida cotidiana. Você descobrirá que, ao fazer escolhas conscientes, pode alterar a percepção do que considera ser a sua realidade.

A experiência humana no multiverso é um aspecto fascinante que merece atenção especial. Cada um de nós vive uma narrativa única, e a diversidade de experiências que habitam o multiverso é um testemunho da riqueza da vida. Ao compartilhar histórias inspiradoras de pessoas que mudaram suas vidas ao compreender o conceito de multiverso, queremos que você se conecte emocionalmente com essas experiências. Afinal, a verdade é que todos nós temos a capacidade de explorar diferentes possibilidades e de moldar nossas realidades de acordo com nossas intenções e ações.

Ao longo deste livro, você também encontrará um convite à reflexão. Queremos que você se abra para novas perspectivas e considere como o conhecimento do multiverso pode impactar sua vida de maneiras que talvez ainda não tenha imaginado. Em cada capítulo, você será apresentado a temas instigantes, como a energia pessoal, crenças e espiritualidade, que se entrelaçam de forma a enriquecer sua compreensão do mundo ao seu redor.

Para prepará-lo para essa jornada, propomos um pequeno exercício prático. Reserve alguns minutos para se conectar com sua respiração. Sente-se confortavelmente, feche os olhos e inspire profundamente. Ao expirar, visualize as diferentes dimensões do multiverso se desdobrando à sua volta, cada uma representando uma possibilidade, uma escolha, uma nova experiência. Permita-se sentir a energia pulsante que emana de você e como ela se conecta com essas realidades. Essa prática simples pode ajudá-lo a se sintonizar com a ideia do multiverso e a energia pessoal, criando um espaço fértil para as discussões que virão.

Estamos empolgados por tê-lo conosco nesta jornada. Que as páginas que seguem sejam um convite à descoberta, à reflexão e à transformação. Prepare-se para explorar o vasto e fascinante mundo do multiverso, onde cada ideia e cada conceito são sementes que podem florescer em novas realidades em sua vida.

Com gratidão e entusiasmo,

Tryv Tuath

SUMÁRIO

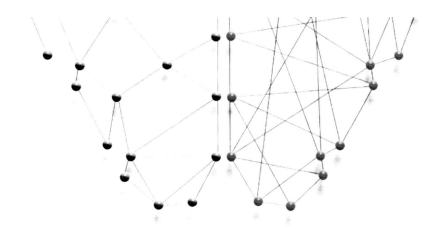

CAPÍTULO 1:
Introdução ao Multiverso

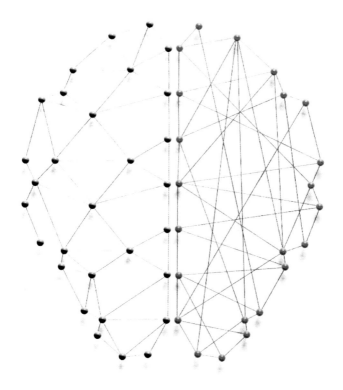

O multiverso é um conceito fascinante que nos convida a explorar a ideia de que existem inúmeras realidades coexistindo simultaneamente. Imagine, por um momento, um vasto oceano de possibilidades, onde cada onda representa uma versão diferente de você, vivendo vidas que variam em escolhas, experiências e destinos. Essa é a essência do multiverso: um emaranhado de universos interconectados, cada um refletindo as diferentes decisões que tomamos ao longo de nossas vidas.

Historicamente, a noção de multiverso não é nova. Suas raízes podem ser traçadas até a filosofia antiga, onde pensadores como Platão e Aristóteles já especulavam sobre a existência de realidades além da nossa. No entanto, foi na era moderna, especialmente com os avanços da física quântica, que o conceito ganhou força. Cientistas como Hugh Everett III, na década de 1950, propuseram que cada escolha que fazemos cria uma bifurcação no tempo, resultando em universos paralelos. Essa ideia, embora complexa, nos oferece uma nova perspectiva sobre a vida e nossas escolhas.

Compreender o multiverso é fundamental para a nossa jornada pessoal. Quando nos deparamos com a ideia de que nossas decisões podem criar novas realidades, começamos a perceber o poder que temos em nossas mãos. Cada pensamento, cada ação e cada emoção que emanamos contribui para a energia que molda nosso destino. Ao nos tornarmos conscientes desse poder, podemos transformar nossas vidas de maneiras que antes pareciam impossíveis.

A importância do multiverso não reside apenas na curiosidade intelectual; ela se estende a uma compreensão mais profunda de nós mesmos e do nosso lugar no cosmos. Ao explorar essa vasta rede de realidades, somos convidados a refletir sobre como nossas escolhas impactam não apenas nossas vidas, mas também o mundo ao nosso redor. Essa reflexão nos encoraja a assumir a responsabilidade por nossas ações e a reconhecer que somos cocriadores de nossas realidades.

Portanto, ao longo deste livro, convido você a abrir a mente e o coração para as possibilidades que o multiverso oferece. Vamos juntos desvendar os mistérios dessa ideia poderosa, explorando como ela se conecta à energia pessoal que reside dentro de cada um de nós. Prepare-se para uma jornada de autodescoberta, onde cada página revelará novas perspectivas e oportunidades de transformação. O multiverso aguarda por você, pronto para ser explorado.

A interconexão entre o multiverso e a energia pessoal é um tema que nos leva a refletir sobre a essência de quem somos e como nossas vidas estão entrelaçadas em uma tapeçaria de realidades. Cada um de nós é uma fonte de energia, vibrando em frequências únicas que se conectam a diferentes dimensões do multiverso. Essa energia pessoal, que emana de nossos pensamentos, emoções e ações, não apenas molda nossa experiência individual, mas também reverbera através de todas as realidades que coexistem.

Para compreender essa relação, é útil imaginar que cada decisão que tomamos é como uma pedra lançada em um lago calmo. As ondas que se formam a partir desse impacto se espalham, influenciando não apenas a superfície da água, mas também as profundezas que muitas vezes não vemos. Da mesma forma, nossas escolhas pessoais têm um efeito em cascata, afetando não apenas nossas vidas, mas também as vidas daqueles ao nosso redor. Cada pensamento positivo ou negativo, cada ato de amor ou de raiva, ressoa nas camadas do multiverso, criando uma rede de interconexões que nos liga a tudo e a todos.

Considere, por exemplo, uma situação cotidiana: você decide sorrir para um estranho na rua. Esse simples gesto pode iluminar o dia daquela pessoa, que, por sua vez, pode se sentir inspirada a agir de maneira gentil com outra pessoa. A energia positiva que você emitiu se multiplicou, criando um efeito dominó que se estende muito além do seu ato inicial. Essa é a magia do multiverso: a capacidade de nossas energias pessoais influenciar e moldar realidades em um nível que muitas vezes não conseguimos perceber.

Porém, essa interconexão também traz à tona uma reflexão importante. Nossas escolhas não são apenas pessoais; elas são parte de um todo maior. Cada um de nós carrega a responsabilidade de ser um agente de mudança, não apenas em nossas vidas, mas em todas as realidades que tocamos. Ao nos tornarmos conscientes dessa responsabilidade, podemos começar a tomar decisões mais intencionais, alinhadas com nossos valores e aspirações mais profundas.

É fundamental, portanto, que nos dediquemos a uma autoanálise contínua. Pergunte a si mesmo: como suas escolhas diárias estão moldando não apenas sua vida, mas também a vida dos outros? Você está emitindo energia que eleva, inspira e transforma, ou está contribuindo para um ciclo de negatividade e desânimo? Essas reflexões são essenciais para entender como a energia pessoal se entrelaça com o multiverso, permitindo que você se torne um cocriador ativo de sua realidade.

Vamos nos aprofundar em exemplos práticos. Imagine alguém que, ao acordar, decide começar o dia com gratidão. Essa prática simples pode mudar a forma como essa pessoa percebe o mundo ao seu redor. Ao se concentrar nas coisas boas, ela atrai mais experiências positivas, ampliando sua percepção do que é possível. Por outro lado, uma pessoa que se levanta com uma mentalidade negativa pode se sentir presa em um ciclo de reclamações e descontentamento, limitando suas oportunidades e experiências.

Essas situações cotidianas são um lembrete poderoso de que nossas energias pessoais não existem em um vácuo. Elas estão em constante interação com o multiverso, criando uma dança de influências que moldam nossa realidade. Ao nos tornarmos mais conscientes dessa dinâmica, podemos começar a fazer escolhas que não apenas beneficiam a nós mesmos, mas também ao mundo ao nosso redor.

Portanto, convido você a refletir sobre suas próprias experiências e como elas se conectam com o multiverso. Como suas emoções e decisões têm moldado sua realidade até agora? E mais importante, como você pode usar essa compreensão para criar uma vida mais rica e significativa? Ao explorar essas questões, você não apenas se tornará mais consciente de sua energia pessoal, mas também descobrirá o poder transformador que reside dentro de você. O multiverso está esperando, e a chave para acessá-lo está em suas mãos.

A experiência humana no multiverso é uma tapeçaria rica e vibrante, onde cada fio representa uma vida, uma escolha, uma emoção. Ao considerarmos a diversidade de experiências que existem, somos levados a refletir sobre o quão singular e especial é cada uma delas. Imagine, por um instante, que você está em um grande festival, onde cada estande oferece uma nova experiência, uma nova história para ser vivida. Assim é o multiverso: um espaço onde realidades coexistem, cada uma com suas próprias nuances e significados.

Pense em pessoas que, em momentos cruciais de suas vidas, tomaram decisões que mudaram o curso de suas histórias. Como a jovem Ana, que, ao decidir se mudar para uma nova cidade em busca de oportunidades, não apenas transformou sua vida, mas também impactou a vida de muitos ao seu redor. Ao se conectar com novas pessoas e culturas, Ana se tornou uma fonte de inspiração, mostrando que a coragem de explorar novas realidades pode abrir portas para experiências inimagináveis. Essa mudança não foi apenas sobre geografia; foi sobre expandir sua consciência e abraçar o desconhecido.

Cada um de nós carrega dentro de si a capacidade de viver experiências extraordinárias. A beleza do multiverso é que ele nos oferece um leque de possibilidades. Cada escolha que fazemos é como uma semente plantada em solo fértil. Se regarmos essas sementes com amor, coragem e determinação, elas florescerão em realidades ricas e vibrantes. No entanto, é essencial lembrar que, assim como as flores, nossas experiências também podem ser efêmeras. Elas nos ensinam a valorizar cada momento, a cada respiração, a cada interação.

A conexão emocional que temos com nossas experiências é o que realmente nos torna humanos. É através das emoções que nos ligamos aos outros e ao mundo ao nosso redor. Quando olhamos para o multiverso, percebemos que cada realidade é uma expressão de amor, dor, alegria e crescimento. Pense em como as histórias que ouvimos de outras pessoas nos tocam profundamente. Elas nos fazem rir, chorar e refletir. Cada narrativa é uma janela para outra realidade, uma oportunidade de aprender e crescer.

Considere também o impacto das histórias que contamos a nós mesmos. Nossas narrativas pessoais moldam nossa percepção do mundo e influenciam nossas escolhas. Se você se vê como uma vítima das circunstâncias, sua realidade será limitada. Mas, ao mudar essa narrativa e se ver como um criador ativo de sua vida, você abre espaço para novas possibilidades. O poder de reescrever sua história está em suas mãos, e isso é uma das chaves para acessar o potencial do multiverso.

Vamos explorar alguns exemplos inspiradores. Pense em pessoas como Nelson Mandela, que, apesar das adversidades, optaram por uma vida de resiliência e esperança. Sua jornada não apenas transformou suas vidas, mas também impactou milhões ao redor do mundo. Ao compreender o poder de suas escolhas e a interconexão de suas experiências com as de outros, esses indivíduos se tornaram verdadeiros agentes de mudança. Assim, somos todos convidados a refletir: como podemos, em nossas vidas cotidianas, ser essa fonte de inspiração e transformação?

À medida que avançamos neste livro, convido você a se abrir para a ideia de que cada experiência, cada emoção e cada escolha são parte de um todo maior. O multiverso não é apenas um conceito abstrato; ele é uma realidade palpável que nos convida a explorar, a crescer e a nos conectar. Ao olharmos para nossas vidas através dessa lente, começamos a perceber que somos todos cocriadores de nossa própria jornada, moldando não apenas nossas realidades, mas também as realidades dos que nos cercam.

Portanto, ao longo dos próximos capítulos, prepare-se para mergulhar ainda mais fundo nessa exploração. Vamos juntos desvendar não apenas o conceito de multiverso, mas também o poder transformador que reside dentro de cada um de nós. A jornada está apenas começando, e o que você descobrirá pode mudar não apenas a sua vida, mas também a vida de todos ao seu redor. O convite está feito: abra-se para as infinitas possibilidades que o multiverso tem a oferecer.

Preparar-se para a jornada pelo multiverso é como se preparar para uma grande aventura. À medida que nos aprofundamos nos conceitos que moldam nossas vidas e realidades, é essencial entender que cada capítulo deste livro não é apenas uma sequência de informações, mas um convite à transformação pessoal. A proposta é que você, leitor, abra sua mente e coração para novas perspectivas, permitindo que as ideias aqui apresentadas ressoem em sua vida de maneiras significativas.

Nos próximos capítulos, exploraremos temas que vão além do conceito de multiverso, adentrando em áreas como a energia pessoal, as crenças que nos moldam e a interseção entre espiritualidade e ciência. Cada um desses tópicos é uma peça fundamental do quebra-cabeça que compõe a realidade que vivemos. Ao entender como cada um deles se conecta, você ganhará uma visão mais clara de como pode se tornar um cocriador ativo de sua própria história.

Um dos temas que abordaremos é a energia pessoal, que é a força vital que emana de cada um de nós. Essa energia não é apenas uma abstração; ela é palpável e influencia tudo ao nosso redor. Você aprenderá como pequenas mudanças na forma como você se apresenta ao mundo podem ter um impacto profundo em sua vida e nas vidas daqueles que o cercam. Imagine que sua energia é como uma luz: quanto mais brilhante e positiva ela for, mais você ilumina o caminho para si mesmo e para os outros.

Além disso, vamos discutir as crenças que moldam nossa realidade. Muitas vezes, essas crenças são invisíveis, mas exercem um poder imenso sobre nossas ações e decisões. Ao identificar e transformar crenças limitantes, você abrirá espaço para novas experiências e oportunidades. Este processo é como limpar a poeira de uma janela; ao remover as obstruções, a luz pode entrar e iluminar sua vida de novas maneiras.

A interseção entre espiritualidade e ciência será outro ponto alto da nossa jornada. Você verá como muitos princípios científicos corroboram ideias espirituais, mostrando que a busca pelo conhecimento não precisa ser separada da busca pela compreensão espiritual. Essa união pode proporcionar uma base sólida para entender o multiverso e como ele se relaciona com sua vida.

Para preparar você ainda mais para o que está por vir, proponho um exercício prático. Reserve alguns minutos do seu dia, encontre um lugar tranquilo e feche os olhos. Respire profundamente e visualize-se em um espaço onde todas as suas possibilidades estão se desdobrando. Sinta a energia que emana de cada escolha que você poderia fazer. Pergunte a si mesmo: "Quais realidades eu desejo explorar? Que tipo de energia eu quero trazer para o mundo?" Permita que essas perguntas ecoem em sua mente e coração. Esse exercício simples pode ajudá-lo a se conectar com a ideia do multiverso e a energia pessoal, preparando-o para as discussões mais profundas que virão.

À medida que avançamos, lembre-se de que este é um caminho de autodescoberta e crescimento. Cada capítulo é uma oportunidade para refletir sobre sua vida e suas escolhas, e como elas se entrelaçam com as infinitas possibilidades do multiverso. O convite está feito: abra-se para essa jornada, e você descobrirá que o poder de moldar sua realidade já está dentro de você. O multiverso aguarda, pronto para ser explorado, e a sua jornada começa agora.

CAPÍTULO 2:
A Energia Pessoal

A energia pessoal é um conceito que, embora possa parecer abstrato à primeira vista, é fundamental para a compreensão de como nos relacionamos com o mundo e com nós mesmos. Em sua essência, a energia pessoal refere-se à vibração única que cada ser humano emite, influenciando suas experiências e interações. Essa energia é como uma assinatura vibracional, moldada por nossas emoções, pensamentos e intenções. Quando falamos de energia pessoal, estamos nos referindo a uma força vital que permeia cada aspecto de nossas vidas, conectando-nos ao multiverso de maneiras profundas e significativas.

A origem da energia pessoal pode ser entendida através da fusão de conceitos espirituais e científicos. Na espiritualidade, muitas tradições reconhecem a existência de uma força vital que flui através de todos nós, uma energia que nos conecta ao cosmos. Por outro lado, a física quântica nos ensina que tudo no universo é composto de energia, e que essa energia vibra em diferentes frequências. Assim, cada ser humano, ao interagir com o mundo, emite uma frequência única que ressoa com as energias ao seu redor. Essa interconexão revela que somos parte de um todo maior, onde nossas energias individuais influenciam e são influenciadas pelo multiverso.

Imagine, por exemplo, que você está em uma sala cheia de pessoas. Cada indivíduo presente emite sua própria energia, criando um ambiente vibrante e dinâmico. Se alguém entrar na sala com uma energia positiva, essa vibração pode contagiar os demais, elevando o ânimo geral. Por outro lado, uma pessoa que carrega uma energia negativa pode desencadear um clima de tensão. Essa interação mostra como a energia pessoal não é apenas uma experiência interna, mas também uma força que molda a realidade coletiva.

É importante destacar que a energia pessoal não é estática; ela é fluida e pode ser transformada. Nossas emoções e pensamentos têm o poder de alterar nossa vibração e, consequentemente, a forma como nos relacionamos com o mundo. Quando estamos em um estado de gratidão, por exemplo, nossa energia se eleva, atraindo experiências positivas e pessoas que ressoam com essa frequência. Por outro lado, quando nos deixamos levar por emoções negativas, podemos nos sentir estagnados, atraindo situações que refletem essa vibração.

Para compreender melhor essa dinâmica, convido você a refletir sobre suas próprias experiências. Pense em momentos em que sua energia estava alta e como isso impactou suas interações e resultados. Lembre-se de uma situação em que se sentiu pesado ou desanimado. Como isso afetou sua percepção do mundo ao seu redor? Essas reflexões são essenciais para se tornar mais consciente da sua energia e do papel que ela desempenha na criação de sua realidade.

Ao longo deste capítulo, vamos explorar mais profundamente a influência da energia pessoal nas relações e decisões. Você descobrirá como estar ciente de sua própria energia pode transformar não apenas sua vida, mas também a vida das pessoas ao seu redor. A jornada está apenas começando, e o que você aprenderá pode ser a chave para desbloquear um potencial inexplorado dentro de você. Prepare-se para se conectar com a força vibrante que reside em sua essência e para descobrir como essa energia pode moldar seu caminho no vasto multiverso.

A influência da energia pessoal nas relações e decisões é um aspecto fascinante e crucial da nossa experiência humana. Cada interação que temos é permeada pela energia que emitimos e recebemos, criando uma dinâmica que pode elevar ou diminuir o nosso bem-estar e o das pessoas ao nosso redor. Imagine, por um momento, como você se sente ao entrar em um ambiente onde a energia é vibrante e positiva. As conversas fluem, os sorrisos são genuínos e a conexão parece instantânea. Agora, contraste isso com um espaço carregado de tensão e negatividade, onde cada palavra parece pesada e as interações são repletas de desconforto. Essa diferença é um reflexo direto da energia pessoal de cada indivíduo presente.

Quando falamos sobre a energia pessoal, é vital reconhecer que ela não é apenas uma abstração; é uma força que molda nossas experiências e decisões. Cada um de nós emite uma frequência única, influenciando as pessoas que atraímos e as situações que vivenciamos. Pense em como algumas pessoas parecem naturalmente atrair outras, enquanto outras podem se sentir isoladas, mesmo em meio a grupos. Essa dinâmica é frequentemente uma questão de energia. Aqueles que emanam vibrações positivas tendem a atrair conexões mais profundas e significativas, enquanto aqueles que lutam com sua energia podem encontrar barreiras em suas interações.

Um exemplo prático disso pode ser encontrado na história de Carla, uma jovem que sempre se sentiu deslocada em seu círculo social. Após uma série de reflexões, ela percebeu que sua energia estava carregada de inseguranças e medos. Ao decidir trabalhar sua autoestima e cultivar uma energia mais positiva, começou a notar mudanças em suas relações. As pessoas começaram a se aproximar dela, atraídas pela nova vibração que emanava. Carla não apenas transformou sua percepção de si mesma, mas também criou um espaço onde as relações podiam florescer. Essa transformação não aconteceu da noite para o dia, mas foi um processo consciente de autoavaliação e mudança de atitudes.

É fundamental estar ciente da própria energia e como ela impacta nossas relações. Quando nos tornamos conscientes de como nossas emoções e atitudes influenciam os outros, podemos fazer escolhas mais intencionais. Pergunte-se: como você se sente ao interagir com as pessoas? Sua energia está elevando a conversa e promovendo um ambiente acolhedor, ou está contribuindo para um clima de desânimo? Essa autoanálise pode ser um poderoso primeiro passo para transformar suas experiências sociais.

Histórias inspiradoras de indivíduos que transformaram suas vidas ao se tornarem mais conscientes de sua energia são abundantes. Considere o caso de Rafael, que sempre se via cercado de pessoas negativas. Ele decidiu, então, mudar seu foco e cercar-se de indivíduos que o inspiravam e desafiavam a crescer. Com o tempo, não apenas suas relações melhoraram, mas também sua perspectiva de vida. Rafael aprendeu que a energia que ele escolhia absorver e emitir moldava não apenas suas interações, mas também sua realidade.

Ao refletir sobre a energia pessoal, é importante lembrar que ela também pode ser uma ferramenta poderosa na tomada de decisões. Quando estamos alinhados com uma energia positiva e vibrante, nossas escolhas tendem a refletir essa harmonia. Por outro lado, decisões tomadas em momentos de baixa energia, podem ser impulsivas e desastrosas. Conectar-se com sua essência e elevar sua energia pode levar a decisões mais sábias e alinhadas com seus verdadeiros desejos.

Portanto, a próxima vez que você se encontrar em uma situação social ou diante de uma decisão importante, pause e pergunte a si mesmo: qual é a energia que estou emitindo? Como ela está afetando as pessoas ao meu redor e as escolhas que estou fazendo? Essa consciência pode ser a chave para desbloquear um novo nível de conexão e transformação em sua vida. O poder da energia pessoal está em suas mãos, e a jornada para se tornar um cocriador consciente de sua realidade começa com essa simples, mas profunda, reflexão.

Mudar sua energia pessoal é uma jornada de autodescoberta que pode ser transformadora. Para começar, é essencial adotar práticas que elevem sua vibração e promovam um estado de bem-estar. Uma das técnicas mais eficazes é a meditação. Ao dedicar alguns minutos do seu dia para se conectar com sua respiração, você cria um espaço interno de calma e clareza. Imagine-se sentado em um ambiente tranquilo, onde cada inspiração traz luz e cada expiração libera tensões. Essa prática não apenas acalma a mente, mas também alinha sua energia com o que há de mais positivo em você.

Outra ferramenta poderosa é a prática de gratidão. Reserve um momento todos os dias para refletir sobre as coisas pelas quais você é grato. Pode ser algo simples, como o calor do sol em seu rosto ou o sorriso de um amigo. Ao focar no que é positivo, você automaticamente eleva sua frequência vibracional. Experimente escrever uma lista de gratidão e leia-a em voz alta. Sinta a energia dessas palavras ressoando em seu ser. Esse exercício simples pode transformar sua perspectiva e abrir portas para novas experiências.

Exercícios de respiração também são eficazes para elevar sua energia. Tente a técnica de respiração 4-7-8: inspire profundamente pelo nariz contando até quatro, segure a respiração contando até sete e expire lentamente pela boca contando até oito. Repita isso algumas vezes. Você notará uma sensação de leveza e clareza mental após essa prática. Essa técnica não só oxigena o corpo, mas também ajuda a liberar a ansiedade, permitindo que sua energia flua de maneira mais harmoniosa.

Além disso, considere o ambiente ao seu redor. O espaço em que você vive e trabalha tem um impacto significativo em sua energia pessoal. Certifique-se de que seu ambiente esteja limpo e organizado. A desordem pode criar uma sensação de estagnação. Adicione elementos que tragam alegria, como plantas, fotos de momentos felizes ou objetos que você ama. Esses detalhes ajudam a criar uma atmosfera que ressoa com sua energia positiva.

As companhias que você escolhe também desempenham um papel crucial. Cerque-se de pessoas que elevam sua energia e inspiram você a crescer. Relacionamentos saudáveis são fundamentais para a manutenção de uma vibração alta. Quando você se conecta com pessoas que compartilham valores semelhantes e que o encorajam, sua energia se multiplica. Por outro lado, evite interações que drenam sua energia ou que o fazem se sentir mal consigo mesmo.

Para ajudá-lo a identificar sua energia atual, proponho um exercício de autoavaliação. Reserve um momento para refletir sobre como você se sente em diferentes áreas da sua vida: relacionamentos, trabalho, saúde e espiritualidade. Pergunte a si mesmo: "Estou me sentindo energizado ou exausto? O que posso mudar para elevar minha energia?" Essa reflexão pode ser reveladora e ajudá-lo a identificar áreas que precisam de atenção.

Lembre-se de que a transformação da sua energia pessoal é um processo contínuo. Seja gentil consigo mesmo enquanto navega por essa jornada. Cada pequeno passo conta. Ao implementar essas práticas em sua rotina, você não apenas elevará sua energia, mas também se tornará um farol de luz para os outros ao seu redor. A mudança começa dentro de você, e ao cultivar uma energia positiva, você se torna um cocriador ativo de sua realidade no vasto multiverso.

O papel da intenção na energia pessoal é um aspecto fascinante que merece uma atenção especial. Quando falamos sobre intenção, estamos nos referindo à força que direciona nossa energia em uma determinada direção. É como se a intenção fosse a bússola que orienta o nosso caminho, permitindo que a energia pessoal se manifeste de maneira mais clara e poderosa. Ter clareza sobre suas intenções não apenas amplifica a energia que emitimos, mas também nos conecta de forma mais profunda com o multiverso.

Definir intenções diárias é uma prática simples, mas transformadora. Ao acordar, reserve um momento para refletir sobre o que você deseja alcançar naquele dia. Pergunte a si mesmo: "Qual é a minha intenção para hoje?" Pode ser algo como "Hoje, quero ser mais paciente" ou "Desejo me conectar com pessoas que me inspiram". Ao articular suas intenções, você está enviando uma mensagem clara ao universo, ajudando a alinhar sua energia com aquilo que deseja manifestar.

Imagine, por exemplo, que você começa o dia com a intenção de ser uma fonte de positividade. Essa intenção não apenas molda sua energia, mas também influencia suas interações. Quando você se compromete a espalhar alegria, suas palavras e ações se tornam um reflexo dessa intenção. As pessoas ao seu redor podem sentir essa vibração, e isso cria um ambiente de harmonia e conexão. Essa prática de definir intenções diárias pode ser um divisor de águas, transformando a maneira como você se relaciona com o mundo.

Além disso, ao longo do dia, é importante manter-se consciente de suas intenções. Isso significa que, sempre que perceber que sua energia está se desviando, você pode gentilmente redirecionar seu foco para a intenção que definiu. Essa prática de auto-observação é essencial, pois nos ajuda a reconhecer quando estamos sendo influenciados por emoções negativas ou distrações externas. Ao voltar à sua intenção, você não apenas recupera seu poder, mas também reforça sua capacidade de cocriar a realidade que deseja.

A responsabilidade que cada um de nós tem em cultivar sua

energia é um aspecto fundamental dessa jornada. Somos cocriadores conscientes de nossas realidades, e isso vem com um compromisso de cuidar da energia que emitimos. O multiverso está em constante movimento, e cada pensamento, cada emoção e cada intenção que emitimos contribui para essa dança cósmica. Ao nos tornarmos mais conscientes de nossa energia e de nossas intenções, podemos fazer escolhas que não apenas beneficiam nossas vidas, mas também impactam positivamente o mundo ao nosso redor.

Portanto, convido você a refletir sobre suas intenções e como elas estão moldando sua realidade. Como você pode ser mais intencional em sua vida diária? Quais mudanças você pode implementar para alinhar sua energia com suas aspirações mais profundas? Ao explorar essas questões, você se tornará um cocriador mais consciente, capaz de navegar pelas infinitas possibilidades do multiverso. A jornada está apenas começando, e o poder de transformar sua realidade está em suas mãos.

CAPÍTULO 3:
Crenças e Percepções

A Natureza das Crenças

As crenças são estruturas invisíveis que moldam a maneira como percebemos o mundo e a nós mesmos. Elas se formam ao longo da vida, influenciadas por experiências pessoais, interações sociais e contextos culturais. Desde a infância, somos expostos a uma série de ideias e valores que, gradualmente, se tornam parte de nossa identidade. Imagine uma criança ouvindo repetidamente que "não é boa em matemática" – essa afirmação simples pode se transformar em uma crença limitante que a acompanhará por anos, afetando sua confiança e desempenho.

As crenças podem ser vistas como lentes através das quais interpretamos a realidade. Quando acreditamos que somos capazes de alcançar nossos objetivos, nossa energia pessoal se alinha com essa visão, criando um ciclo positivo de autoconfiança e motivação. Por outro lado, crenças que nos restringem, como "não mereço ser feliz" ou "nunca serei bem-sucedido", podem nos aprisionar em um ciclo de autossabotagem. Assim, a distinção entre crenças limitantes e crenças empoderadoras é crucial para nossa evolução pessoal.

Crenças limitantes são aquelas que nos impedem de experimentar nosso verdadeiro potencial. Elas podem surgir de críticas, fracassos passados ou até mesmo de comparações com os outros. Por exemplo, alguém que cresceu em um ambiente onde o sucesso era visto como algo reservado a poucos pode internalizar a ideia de que nunca alcançará seus sonhos. Em contraste, crenças empoderadoras nos impulsionam a agir, a buscar oportunidades e a acreditar em nossa capacidade de transformação. Elas são como um combustível que nos leva a explorar novas possibilidades e a enfrentar desafios com coragem.

A influência das crenças na realidade pessoal é profunda. Nossas crenças moldam a percepção da realidade, criando uma espécie de filtro que determina como interpretamos eventos e interagimos com o mundo ao nosso redor. Quando acreditamos que somos dignos de amor e sucesso, nossa energia pessoal ressoa com essa verdade, atraindo experiências que confirmam essa crença. Por outro lado, se estamos presos a crenças negativas, podemos nos sentir estagnados, como se estivéssemos em um ciclo interminável de frustração.

Um exemplo prático pode ser observado na vida de Ana, que sempre se viu como uma pessoa sem talento. Essa crença limitante a impediu de explorar suas habilidades artísticas, mesmo tendo um desejo profundo de criar. Após um processo de autoconhecimento, Ana decidiu desafiar essa crença. Ao se permitir experimentar a pintura, descobriu não apenas um talento inato, mas também uma paixão que a conectou a uma comunidade vibrante de artistas. Essa transformação começou com a disposição de questionar suas crenças e abrir-se para novas experiências.

Assim, ao longo deste capítulo, convidamos você a refletir sobre suas próprias crenças. Quais são aquelas que o impulsionam e quais o prendem? Como suas crenças moldam a maneira como você se relaciona com o mundo? Essa autoanálise é o primeiro passo para a transformação. Ao tomar consciência de suas crenças, você poderá começar a reescrever sua história, criando uma realidade que ressoe com suas aspirações mais profundas.

A jornada para entender e reformular suas crenças é essencial para desbloquear seu potencial. Ao longo deste capítulo, você será guiado em um processo de identificação e superação de crenças limitantes, permitindo que sua energia pessoal flua livremente e que você se torne o cocriador ativo de sua vida no vasto multiverso. Prepare-se para explorar as profundezas de suas percepções e descobrir o poder transformador que reside dentro de você.

Identificando Crenças Limitantes

Para começar a jornada de identificação de suas crenças limitantes, proponho um exercício prático que pode ser profundamente revelador. Encontre um espaço tranquilo, onde você possa se sentar confortavelmente e refletir sem distrações. Respire fundo algumas vezes, permitindo que sua mente se acalme. Agora, pergunte a si mesmo: "Quais são as crenças que me impedem de alcançar meus objetivos?" Anote tudo que vier à sua mente, sem censura. Esse simples ato de escrita pode trazer à tona crenças subconscientes que você pode não ter percebido antes.

Uma pergunta poderosa para incluir nesse exercício é: "O que eu acredito sobre mim mesmo?" Muitas vezes, as crenças limitantes estão enraizadas em percepções negativas que temos de nós mesmos. Ao explorar essa questão, você pode descobrir ideias como "não sou bom o suficiente" ou "não mereço ser feliz". Anote essas crenças e observe como elas se manifestam em sua vida cotidiana. Como elas afetam suas decisões, suas interações e sua energia?

Para ilustrar a transformação que pode ocorrer ao confrontar crenças limitantes, compartilho a história de João. Ele sempre acreditou que não era capaz de se comunicar bem em público, uma crença que o impediu de buscar oportunidades em sua carreira. Após um trabalho de reflexão e autoavaliação, João decidiu enfrentar esse medo. Ele começou a praticar pequenas apresentações em grupos de amigos, o que gradualmente aumentou sua confiança. Com o tempo, essa crença limitante foi substituída por uma crença empoderadora: "Eu sou um comunicador eficaz". Essa mudança não apenas melhorou suas habilidades de apresentação, mas também abriu portas para novas oportunidades profissionais.

É importante reconhecer que as emoções estão intimamente ligadas às crenças. Muitas vezes, sentimentos negativos como medo, insegurança e ansiedade podem reforçar crenças limitantes. Por exemplo, se você tem a crença de que não é digno de amor, pode se sentir ansioso em relacionamentos, o que, por sua vez, pode levar a comportamentos que afastam as pessoas. Essa dinâmica é um ciclo que pode ser quebrado com a consciência e a prática.

Ao refletir sobre suas crenças, observe também como as emoções se manifestam em seu corpo. Você sente tensão no estômago ao pensar em uma determinada crença? Ou talvez uma sensação de leveza quando considera uma crença empoderadora? Essas respostas físicas podem ser indicadores valiosos de como suas crenças afetam seu bem-estar geral.

Convido você a continuar essa jornada de autodescoberta. Reserve um tempo a cada dia para explorar suas crenças e emoções. Pergunte-se: "Essa crença é realmente verdadeira? Que evidências eu tenho para sustentá-la?" Muitas vezes, ao questionar nossas crenças, começamos a perceber que elas são apenas histórias que contamos a nós mesmos, e não verdades absolutas.

A identificação de crenças limitantes é o primeiro passo para a transformação. Ao se tornar consciente delas, você está se preparando para reescrever sua narrativa pessoal. Lembre-se de que essa jornada é sua, e cada descoberta é uma oportunidade de crescimento. Ao longo deste capítulo, você será guiado para não apenas identificar, mas também superar essas crenças, permitindo que sua energia pessoal flua livremente e que você se torne o cocriador ativo de sua vida no vasto multiverso.

Reformulando Crenças

Transformar crenças limitantes em crenças empoderadoras é um passo fundamental na jornada de autodescoberta e crescimento pessoal. Para isso, existem técnicas de reprogramação mental que podem ser extremamente eficazes. Uma das mais poderosas é a prática de afirmações. Ao repetir frases positivas e afirmativas, você começa a criar novas conexões neurais que sustentam crenças mais saudáveis e encorajadoras. Por exemplo, se você costuma pensar "não sou bom o suficiente", substitua essa crença por "sou capaz e mereço o melhor". Ao repetir essa afirmação diariamente, você começa a reprogramar sua mente e a fortalecer a nova crença.

Outra técnica valiosa é a visualização. Imagine-se vivendo a vida que deseja, cercado de pessoas que o apoiam e celebram suas conquistas. Visualizar seus objetivos como se já fossem realidade não apenas ajuda a criar um estado mental positivo, mas também ativa a energia necessária para manifestá-los. Reserve um momento do seu dia para se sentar em um lugar tranquilo, fechar os olhos e imaginar todos os detalhes dessa vida ideal. Como você se sente? Quais emoções surgem? Essa prática não só reforça suas novas crenças, mas também as torna mais tangíveis.

A meditação também desempenha um papel crucial nesse processo. Ao meditar, você se conecta com seu eu interior, permitindo que pensamentos limitantes venham à tona sem julgamento. Isso cria um espaço de clareza e compreensão, onde você pode observar essas crenças e decidir conscientemente deixá-las ir. Um exercício simples é dedicar alguns minutos para se concentrar na sua respiração, permitindo que cada expiração leve consigo uma crença que não lhe serve mais. Ao inspirar, traga para si novas crenças que deseja cultivar.

A importância da consistência não pode ser subestimada. Assim como qualquer habilidade, a reprogramação mental requer prática contínua. As novas crenças precisam de tempo e repetição para se consolidarem. Crie um ritual diário que inclua afirmações, visualizações e meditação. Com o tempo, você perceberá uma mudança significativa na maneira como se vê e como interage com o mundo. A intenção por trás de cada prática é fundamental. Ao se comprometer a mudar, você ativa uma força poderosa que pode transformar sua realidade.

Para ajudar nessa jornada, proponho um exercício de visualização. Encontre um lugar tranquilo e confortável, feche os olhos e respire profundamente. Imagine-se vivendo a vida que sempre desejou. Visualize cada detalhe: o ambiente, as pessoas ao seu redor, as emoções que você sente. Sinta a alegria, a gratidão e a satisfação de estar vivendo essa realidade. Ao fazer isso, reforce a crença de que isso é possível e que você merece essa vida. Quando você se conecta emocionalmente com essa imagem, está enviando uma mensagem clara ao universo sobre o que deseja manifestar.

Lembre-se de que a mudança de crenças não acontece da noite para o dia, mas é um processo contínuo de crescimento e descoberta. Seja gentil consigo mesmo durante essa jornada. Cada pequeno passo conta e, ao se permitir explorar novas crenças, você está abrindo portas para um mundo de possibilidades. A chave está em permanecer comprometido e aberto às transformações que ocorrerão em sua vida.

Ao reformular suas crenças, você não apenas transforma sua realidade, mas também se torna um farol de inspiração para aqueles ao seu redor.

A Relação entre Crenças e o Multiverso

As crenças que carregamos dentro de nós funcionam como portais, abrindo ou fechando as portas para novas realidades no vasto multiverso. Imagine que cada crença é uma chave que pode desbloquear diferentes possibilidades em sua vida. Quando decidimos mudar nossas crenças, estamos, na verdade, mudando a forma como interagimos com o mundo e as experiências que atraímos. Essa transformação é mais do que uma simples mudança de pensamento; é uma reconfiguração da nossa realidade.

Ao refletirmos sobre o impacto coletivo das crenças, é fascinante perceber como as crenças individuais se entrelaçam com a consciência coletiva. Cada um de nós contribui para um grande tecido de crenças que molda a sociedade em que vivemos. Por exemplo, em tempos de crise, as crenças de resiliência e solidariedade podem se espalhar, criando um movimento de apoio mútuo que transforma a realidade social. Historicamente, movimentos sociais significativos surgiram quando um número suficiente de pessoas decidiu desafiar crenças limitantes e abraçar novas visões de possibilidade. Essa mudança não ocorre apenas em nível individual, mas reverbera em toda a comunidade, criando um efeito dominó que pode levar a transformações sociais profundas.

Convido você a pensar sobre como suas crenças pessoais se conectam com as crenças de sua comunidade. Você já se perguntou como suas opiniões e valores influenciam aqueles ao seu redor? Cada vez que você expressa uma crença empoderadora, não está apenas moldando sua própria realidade, mas também contribuindo para um ambiente que pode inspirar outros a fazer o mesmo. É um ciclo de energia que se retroalimenta, onde a mudança em um indivíduo pode se espalhar e impactar muitos.

Agora, imagine o poder que você tem como agente de mudança. Quando você começa a cultivar crenças que elevam sua energia e a daqueles ao seu redor, você se torna um catalisador para a transformação. Pense em como crenças como "todos merecem amor e respeito" ou "juntos somos mais fortes" podem criar um espaço de acolhimento e crescimento. Ao adotar essas crenças, você não só transforma sua própria vida, mas também inspira os outros a se unirem a você nessa jornada.

Por isso, faço um convite à ação: comece a observar suas crenças e como elas afetam não apenas sua vida, mas também as vidas das pessoas ao seu redor. Pergunte-se: "Como posso usar minhas crenças para inspirar e elevar minha comunidade?" Cada pequeno passo que você dá em direção a crenças mais empoderadoras pode ser um passo em direção a um mundo mais conectado e harmonioso.

Lembre-se de que você é um cocriador de sua realidade. Ao escolher crenças que refletem suas aspirações mais profundas, você não apenas transforma sua vida, mas também se torna parte de uma mudança maior no multiverso. O poder está em suas mãos, e a jornada para se tornar um agente de mudança começa com a disposição de reavaliar e reformular suas crenças. O que você escolher acreditar pode abrir portas para novas realidades, não apenas para você, mas para todos que compartilham o espaço ao seu redor.

CAPÍTULO 4:
Espiritualidade e Ciência

A Interseção entre Espiritualidade e Ciência

A relação entre espiritualidade e ciência é uma dança antiga e fascinante, onde as duas áreas, muitas vezes vistas como opostas, se entrelaçam de maneiras surpreendentes. Ao longo da história, pensadores e cientistas têm explorado essa interseção, revelando que a busca pelo conhecimento não se limita ao que é tangível e mensurável, mas também abrange dimensões mais sutis da existência. Imagine um momento em que um cientista, ao observar as estrelas, se pergunta sobre o propósito do universo; essa curiosidade é o primeiro passo para a fusão de ciência e espiritualidade.

Um exemplo notável é o trabalho de Albert Einstein, que não apenas revolucionou a física com sua teoria da relatividade, mas também expressou uma profunda reverência pela beleza e pela ordem do cosmos. Einstein muitas vezes falava sobre a conexão entre a ciência e uma experiência espiritual, afirmando que a ciência sem religião é manca, enquanto a religião sem ciência é cega. Essa visão nos convida a refletir: como podemos integrar essas duas abordagens em nossas próprias vidas?

Outro pensador que exemplifica essa interseção é o físico quântico David Bohm. Ele propôs que a realidade é um todo indivisível, onde a separação entre o observador e o observado é uma ilusão. Essa ideia ressoa com muitas tradições espirituais que ensinam a interconexão de todas as coisas. Ao contemplar essas ideias, somos desafiados a expandir nossa compreensão do que significa existir e como nos relacionamos com o mundo ao nosso redor.

Ao longo deste capítulo, convido você a considerar como a ciência pode enriquecer sua experiência espiritual. Pense em momentos em que a curiosidade científica o levou a questionar a natureza da realidade. Como esses questionamentos podem abrir portas para uma compreensão mais profunda de si mesmo e do universo? Essa jornada de descoberta pode ser um convite para explorar não apenas o que sabemos, mas também o que sentimos e acreditamos.

A interseção entre espiritualidade e ciência nos oferece uma oportunidade única de crescimento e expansão. Ao integrar essas duas dimensões, podemos cultivar uma visão mais holística da vida, onde a lógica e a intuição coexistem em harmonia. Portanto, ao longo deste capítulo, prepare-se para explorar como essa conexão pode transformar sua percepção da realidade e enriquecer sua jornada espiritual.

Princípios Científicos que Validam a Espiritualidade

Ao longo dos anos, a ciência tem se aventurado em territórios que, à primeira vista, parecem distantes da espiritualidade. No entanto, à medida que mergulhamos mais fundo em conceitos como a física quântica e a neurociência, percebemos que há um elo poderoso entre esses campos que pode validar e enriquecer nossas experiências espirituais. Vamos explorar alguns desses princípios científicos que não apenas corroboram, mas também iluminam a compreensão de nossa energia pessoal e sua conexão com o multiverso.

A física quântica, por exemplo, nos apresenta um mundo onde a matéria e a energia se entrelaçam de maneiras que desafiam nossas percepções tradicionais. A famosa experiência da dupla fenda, onde partículas podem se comportar tanto como partículas quanto como ondas, sugere que a observação desempenha um papel crucial na realidade que experimentamos. Isso nos leva a refletir: se nossas intenções e percepções podem influenciar o comportamento da matéria, que impacto isso tem sobre nossa vida espiritual? A ideia de que a consciência pode moldar a realidade é um conceito profundamente espiritual, sugerindo que somos cocriadores de nossas experiências.

Além disso, a teoria das cordas propõe que tudo no universo está interconectado através de dimensões que não podemos ver. Essa perspectiva ressoa com muitas tradições espirituais que falam sobre a unidade de todas as coisas. Quando entendemos que nossas ações e pensamentos têm repercussões em um nível quântico, começamos a perceber a profundidade de nossa responsabilidade como seres espirituais. Cada pensamento, cada emoção, emite uma vibração que se propaga pelo tecido do multiverso, moldando não apenas nossas vidas, mas também a realidade coletiva.

A neurociência também nos oferece insights valiosos sobre a prática espiritual. Estudos demonstram que a meditação, por exemplo, pode alterar a estrutura do cérebro, promovendo um aumento na matéria cinzenta e melhorando funções cognitivas. Essas descobertas científicas validam as experiências de pessoas que praticam a meditação e relatam uma maior clareza mental, paz interior e conexão espiritual. Isso nos convida a considerar a meditação não apenas como um ritual, mas como uma prática respaldada por evidências que pode transformar nossa energia pessoal e expandir nossa consciência.

Outro aspecto interessante é a pesquisa sobre a gratidão. Estudos têm mostrado que cultivar um sentimento de gratidão pode levar a melhorias significativas na saúde mental e emocional. A prática da gratidão não só eleva nossa vibração energética, mas também nos conecta a uma sensação mais profunda de propósito e significado. Quando nos concentramos no que somos gratos, abrimos espaço para experiências positivas e abundantes em nossas vidas, reforçando a ideia de que a energia que emitimos atrai resultados correspondentes.

Ao explorar esses princípios, somos desafiados a ver a ciência não como um antagonista da espiritualidade, mas como uma aliada poderosa. A interseção entre esses dois campos nos oferece um entendimento mais profundo de quem somos e do impacto que temos no mundo. Convido você a refletir sobre como essas descobertas científicas podem enriquecer sua prática espiritual. Que novas possibilidades se abrem quando você considera que sua energia e suas intenções têm o poder de moldar sua realidade?

À medida que avançamos neste capítulo, lembre-se de que a verdadeira magia reside na integração do conhecimento científico com a sabedoria espiritual. Ao abraçar essa união, você pode não apenas transformar sua vida, mas também se tornar um agente de mudança no vasto multiverso que nos cerca. O poder de criar sua realidade está em suas mãos, e a jornada para descobrir essa capacidade começa com a compreensão de que a ciência e a espiritualidade podem caminhar lado a lado, iluminando o caminho para uma vida mais plena e significativa.

Práticas Espirituais com Base Científica

À medida que nos aprofundamos na interseção entre espiritualidade e ciência, é essencial explorar práticas que não apenas nutrem nossa alma, mas que também são respaldadas por evidências científicas. Essas práticas oferecem um caminho tangível para a transformação pessoal, demonstrando que a espiritualidade não é apenas um conceito abstrato, mas uma realidade que pode ser vivida e experimentada de maneira concreta.

Uma das práticas mais poderosas é a meditação. Estudos têm mostrado que a meditação regular pode levar a mudanças significativas na estrutura do cérebro, aumentando a densidade da matéria cinzenta em áreas associadas à memória, empatia e regulação emocional. Imagine-se dedicando alguns minutos do seu dia para se sentar em silêncio, focando na sua respiração. À medida que você se permite entrar nesse estado de presença, está não apenas acalmando a mente, mas também promovendo uma verdadeira reconfiguração neural. Essa prática não só melhora a saúde mental, mas cria um espaço interno onde a espiritualidade pode florescer.

Outra prática que merece destaque é o mindfulness, ou atenção plena. Essa técnica envolve estar consciente e presente no momento, observando pensamentos e sentimentos sem julgamento. Pesquisas indicam que a prática de mindfulness pode reduzir níveis de estresse e ansiedade, além de aumentar a satisfação com a vida. Ao incorporar o mindfulness em sua rotina, você começa a perceber a beleza nas pequenas coisas — uma xícara de café quente, o canto dos pássaros ou o toque suave do vento. Essa conexão com o presente não apenas acalma a mente, mas também nos conecta a algo maior, ampliando nossa consciência espiritual.

A gratidão, por sua vez, é uma prática simples, mas transformadora. Estudos demonstram que manter um diário de gratidão pode melhorar a saúde mental e emocional. Quando você se dedica a reconhecer e valorizar as pequenas bênçãos do dia a dia, sua energia pessoal se eleva. Imagine começar ou terminar o dia escrevendo três coisas pelas quais você é grato. Esse simples ato pode mudar sua perspectiva, ajudando-o a focar no positivo e a criar um espaço de abundância em sua vida.

Para facilitar a prática da gratidão, proponho um exercício prático: reserve um momento para refletir sobre os aspectos da sua vida que trazem alegria. Pode ser um amigo querido, um hobby que você ama ou até mesmo um momento de paz em meio ao caos. Anote essas coisas e, sempre que se sentir desanimado, releia suas anotações. Essa prática não apenas reforça um estado mental positivo, mas também conecta você a uma vibração mais elevada, alinhando sua energia pessoal com o que há de melhor no universo.

Além dessas práticas, a visualização é uma ferramenta poderosa que combina a energia da intenção com a imaginação criativa. Ao visualizar seus objetivos como se já fossem realidade, você ativa uma energia que pode atrair essas experiências para sua vida. Reserve um tempo para se sentar em um lugar tranquilo, feche os olhos e imagine-se vivendo a vida que deseja. Como você se sente nesse cenário? Quais emoções surgem? Essa prática não apenas fortalece suas intenções, mas também cria um espaço vibracional que ressoa com suas aspirações.

Por fim, é importante lembrar que a consistência é a chave para o sucesso em qualquer prática espiritual. Assim como cultivar um jardim, é necessário nutrir essas práticas diariamente para que floresçam. Crie um ritual pessoal que incorpore meditação, mindfulness, gratidão e visualização. Com o tempo, você notará uma transformação não apenas em sua energia pessoal, mas também em sua perspectiva de vida.

Ao longo deste capítulo, convido você a explorar essas práticas com mente e coração abertos. Cada uma delas oferece um caminho para conectar-se com sua essência espiritual, enquanto a ciência valida e ilumina essa jornada. Ao integrar esses exercícios em sua rotina, você não apenas eleva sua energia pessoal, mas também se torna um cocriador ativo de sua realidade, alinhando-se com o multiverso e suas infinitas possibilidades.

Unindo Ciência e Espiritualidade na Vida Cotidiana

Integrar os ensinamentos da ciência e da espiritualidade no cotidiano é um caminho que nos permite criar uma vida mais equilibrada e significativa. Essa união não é apenas uma busca por conhecimento, mas um convite para experimentar a vida de forma mais plena, reconhecendo a importância tanto do entendimento científico quanto das práticas espirituais. Ao fazermos isso, não apenas enriquecemos nossa jornada pessoal, mas também contribuímos para um mundo mais consciente e harmonioso.

Para começar, é fundamental reconhecer que a ciência e a espiritualidade não são opostas, mas sim complementares. A ciência nos oferece ferramentas para entender o funcionamento do mundo, enquanto a espiritualidade nos convida a explorar as dimensões mais profundas da nossa existência. Juntas, essas áreas podem nos ajudar a desenvolver uma visão mais holística da vida, onde a lógica e a intuição se entrelaçam.

Um passo prático para integrar essas duas dimensões é criar um ritual diário que incorpore tanto a reflexão científica quanto a prática espiritual. Por exemplo, ao acordar, você pode dedicar alguns minutos para ler um artigo sobre descobertas científicas que lhe interessem, seguido de uma meditação que conecte você com sua essência interior. Essa prática não apenas estimula sua mente, mas também nutre sua alma, criando um equilíbrio que pode ser sentido ao longo do dia.

Além disso, cultivar a curiosidade é uma maneira poderosa de unir ciência e espiritualidade. Ao fazer perguntas sobre o mundo ao seu redor, você se abre para novas possibilidades de aprendizado. Pergunte-se: "Como a ciência explica a beleza da natureza?" ou "O que a espiritualidade pode me ensinar sobre a interconexão de todas as coisas?" Essas perguntas não apenas alimentam sua mente, mas também despertam um senso de maravilha e admiração pela vida.

A prática da gratidão, mencionada anteriormente, é outra forma de integrar ciência e espiritualidade. Ao manter um diário de gratidão, você se conecta com a energia positiva que flui ao seu redor, enquanto a ciência valida os benefícios emocionais dessa prática. Ao reconhecer as bênçãos em sua vida, você não apenas eleva sua vibração, mas também se torna mais consciente da abundância que já existe em seu mundo.

A visualização, por sua vez, é uma ferramenta que pode ser utilizada para manifestar suas intenções. Ao visualizar seus objetivos como se já fossem realidade, você ativa uma energia que ressoa com suas aspirações. Essa prática, fundamentada na ciência da neuroplasticidade, mostra que a repetição de imagens mentais pode levar a mudanças reais em sua vida. Ao integrar essa técnica em sua rotina, você se torna um cocriador ativo de sua realidade, alinhando sua energia pessoal com o que deseja manifestar.

Outra forma de unir ciência e espiritualidade é através da prática de mindfulness. Estar presente no momento, observando seus pensamentos e emoções sem julgamento, é uma habilidade que pode ser cultivada e que traz benefícios significativos para a saúde mental e emocional. Quando você pratica mindfulness, está não apenas treinando sua mente, mas também se conectando com sua essência espiritual, permitindo que a sabedoria interna se revele.

Por fim, lembre-se de que a jornada de integração entre ciência e espiritualidade é contínua. À medida que você avança nesse caminho, permaneça aberto a novas descobertas e experiências. Cada passo que você dá em direção a uma vida mais consciente e equilibrada é uma oportunidade para crescer e expandir sua consciência.

Convido você a refletir sobre como pode incorporar esses princípios em sua vida diária. Que práticas você pode adotar para unir ciência e espiritualidade? Como essa união pode enriquecer sua jornada pessoal? Ao explorar essas questões, você não apenas transforma sua própria vida, mas também se torna parte de um movimento maior de conscientização e transformação no multiverso.

A verdadeira magia da vida reside na capacidade de integrar o conhecimento científico com a sabedoria espiritual. Ao abraçar essa união, você se torna um agente de mudança, contribuindo para um mundo mais iluminado e conectado. O poder de criar sua realidade está em suas mãos, e a jornada para descobrir essa capacidade começa agora, na interseção entre ciência e espiritualidade.

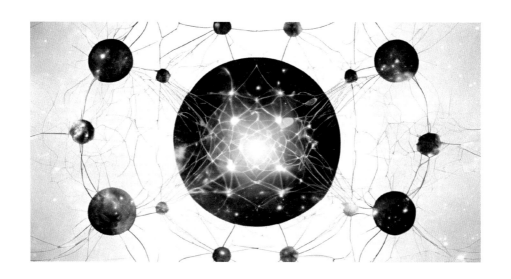

CAPÍTULO 5:
Conexão com o Infinito

A Natureza do Infinito

O conceito de infinito é fascinante e multifacetado, permeando tanto as tradições espirituais quanto as investigações científicas. Embora possa parecer um termo abstrato, a ideia de infinito nos convida a explorar a vastidão do universo e a profundidade da nossa própria existência. Nas tradições espirituais, o infinito é frequentemente associado à divindade, ao cosmos e à consciência universal, sugerindo que estamos todos interligados em um tecido intrincado de energia e propósito. Por outro lado, a ciência nos apresenta o infinito através de teorias que desafiam nossa compreensão, como a geometria não euclidiana e as vastas expansões do universo observável.

Quando começamos a refletir sobre o infinito, somos confrontados com uma pergunta poderosa: como essa percepção pode transformar nossa visão de mundo? Imagine por um momento a imensidão do céu noturno, repleto de estrelas. Cada uma delas é um lembrete de que há muito mais do que podemos ver ou entender. Essa contemplação pode nos levar a um estado de humildade e admiração, onde reconhecemos que somos parte de algo muito maior. Essa conexão com o infinito não apenas nos amplia a perspectiva, mas também nos proporciona um sentido de pertencimento e propósito.

Na vida cotidiana, a conexão com o infinito pode se manifestar de maneiras surpreendentes. Pense em momentos em que você se sentiu profundamente inspirado ou conectado a algo além de si mesmo. Pode ter sido durante uma caminhada na natureza, ao ouvir uma música que tocou sua alma, ou em uma conversa significativa com alguém. Esses momentos são como vislumbres do infinito, onde a energia flui e nos lembra de que somos parte de um todo maior. Essa percepção traz um sentido renovado de propósito, permitindo que as pequenas coisas ganhem significado e que cada experiência seja valorizada.

A conexão com o infinito também nos convida a olhar para dentro de nós mesmos. Quando nos permitimos explorar as profundezas de nossa alma, começamos a perceber que a verdadeira essência do infinito reside em nosso interior. Cada pensamento, cada emoção e cada ação que tomamos ressoam no vasto universo. Essa consciência nos encoraja a viver de maneira mais intencional, reconhecendo que temos um papel ativo na criação de nossa realidade. Ao abraçar essa responsabilidade, nos tornamos cocriadores de nossas vidas, moldando nosso destino com cada escolha que fazemos.

Portanto, ao longo deste capítulo, convido você a refletir sobre como a percepção do infinito pode enriquecer sua vida. Que momentos você já viveu que o conectaram a essa vastidão? Como você pode cultivar essa conexão em sua rotina diária? Ao explorar essas questões, você não apenas se abrirá para novas possibilidades, mas também fortalecerá sua ligação com o universo e com sua própria essência. A jornada para se conectar com o infinito é um convite à transformação, e cada passo dado nesse caminho pode trazer uma nova luz à sua vida.

Práticas de Meditação para Expandir a Consciência

A meditação é uma prática milenar que tem o poder de nos conectar com dimensões superiores da consciência. Ao longo dos séculos, diversas tradições espirituais têm utilizado a meditação como um meio para expandir a percepção e alcançar estados elevados de consciência. Neste segmento, exploraremos diferentes técnicas de meditação que podem facilitar essa conexão, além de fornecer instruções práticas para que você possa incorporá-las em sua rotina diária.

Uma das técnicas mais acessíveis e eficazes é a meditação de atenção plena, ou mindfulness. Para praticá-la, encontre um lugar tranquilo onde você possa se sentar confortavelmente. Feche os olhos e comece a prestar atenção na sua respiração. Sinta o ar entrando e saindo dos seus pulmões, observando cada inalação e exalação. Se sua mente começar a divagar, simplesmente reconheça os pensamentos e traga gentilmente sua atenção de volta à respiração. Essa prática não só acalma a mente, mas também cria um espaço interno onde a consciência pode se expandir.

Outra técnica poderosa é a meditação de visualização. Essa prática envolve imaginar um cenário que represente a paz e a harmonia. Você pode imaginar-se em uma floresta tranquila, ouvindo o canto dos pássaros e sentindo a brisa suave em seu rosto. Visualize a luz do sol filtrando-se pelas folhas, criando um ambiente acolhedor e seguro.

Permita-se sentir a energia desse lugar e conecte-se com a sensação de unidade com o universo. A visualização não apenas acalma a mente, mas também fortalece sua conexão com as dimensões superiores da consciência.

A meditação transcendental é outra abordagem que tem ganhado popularidade. Essa técnica envolve a repetição silenciosa de um mantra, que é uma palavra ou frase específica. Para praticá-la, escolha um mantra que ressoe com você e repita-o em sua mente enquanto se senta em um lugar tranquilo. Essa repetição ajuda a silenciar a mente e a entrar em um estado profundo de relaxamento. Com o tempo, você pode experimentar uma sensação de expansão e conexão com algo maior.

Além das técnicas de meditação, é importante cultivar um ambiente propício para a prática. Crie um espaço sagrado em sua casa, onde você possa se retirar para meditar. Decore esse espaço com objetos que inspirem paz, como velas, cristais ou imagens que representem sua jornada espiritual. Esse ambiente se tornará um refúgio onde você poderá se conectar com sua essência e expandir sua consciência.

Agora, vamos compartilhar alguns testemunhos de pessoas que experimentaram transformações significativas em suas vidas através da meditação. Maria, uma executiva estressada, começou a meditar diariamente e notou uma redução drástica em sua ansiedade. Ela relatou que, ao dedicar apenas dez minutos por dia para se conectar consigo mesma, sua clareza mental e criatividade aumentaram, permitindo-lhe tomar decisões mais assertivas no trabalho.

João, por outro lado, enfrentava dificuldades em seus relacionamentos. Após começar a praticar a meditação de atenção plena, ele aprendeu a ouvir melhor e a responder com empatia. Sua vida social se transformou, e ele percebeu que a meditação não apenas melhorou sua saúde mental, mas também fortaleceu suas conexões emocionais com os outros.

Esses relatos mostram que a meditação é uma ferramenta poderosa para a expansão da consciência e a conexão com o infinito. Ao incorporar essas práticas em sua vida, você não apenas enriquece sua jornada espiritual, mas também se abre para novas possibilidades de crescimento e transformação. Convido você a experimentar essas técnicas e a observar como elas podem impactar sua vida de maneira positiva, permitindo que a energia do infinito flua através de você.

Exercícios de Conexão com a Fonte Universal

Para fortalecer sua conexão com a fonte universal de energia e sabedoria, é essencial incorporar práticas que cultivem essa relação em sua vida diária. Abaixo, apresento alguns exercícios práticos que podem ajudá-lo a se sintonizar com essa energia infinita, permitindo que você expanda sua consciência e aprofunde sua jornada espiritual.

Um exercício simples e poderoso é a prática da meditação em conexão com a natureza. Encontre um lugar ao ar livre, onde você possa se sentar ou ficar em pé, rodeado pela beleza natural. Feche os olhos e respire profundamente, sentindo a energia da terra sob seus pés e o ar fresco ao seu redor. À medida que você se conecta com os elementos naturais, visualize uma luz brilhante envolvendo seu corpo, emanando da fonte universal. Sinta essa energia fluindo através de você, trazendo clareza, paz e uma sensação de pertencimento ao cosmos. Permita-se permanecer nesse estado de conexão por alguns minutos, absorvendo a sabedoria que a natureza tem a oferecer.

Outro exercício eficaz é a prática do diário de conexão. Reserve um tempo a cada dia para escrever sobre suas experiências espirituais e momentos de conexão com o infinito. Pergunte a si mesmo: "Como me sinto conectado ao universo?" ou "Quais sinais ou sincronicidades percebi recentemente?" Ao registrar essas reflexões, você poderá observar padrões e insights que podem enriquecer sua compreensão da sua própria jornada espiritual. Além disso, essa prática ajuda a cultivar a gratidão, permitindo que você reconheça as pequenas bênçãos que muitas vezes passam despercebidas.

Os rituais diários também são uma maneira poderosa de fortalecer sua conexão com a fonte universal. Considere criar um ritual matinal que inclua momentos de silêncio, meditação e afirmações. Ao acordar, antes de iniciar suas atividades, dedique alguns minutos para se conectar com sua essência. Sente-se em um lugar tranquilo, respire profundamente e repita afirmações que ressoem com sua intenção de se conectar com o infinito, como: "Eu sou parte do universo, e o universo está dentro de mim." Essa prática não só estabelece um tom positivo para o seu dia, mas também reforça sua ligação com a energia universal.

A visualização é outra ferramenta poderosa para se conectar com a fonte universal. Reserve um momento para se sentar em um lugar calmo, feche os olhos e imagine-se envolto por uma luz radiante. Visualize essa luz como uma representação da energia universal que flui através de você. Sinta como essa energia nutre cada célula do seu corpo, trazendo clareza, amor e sabedoria. Permita que essa visualização se torne uma prática regular, ajudando-o a se lembrar de que você é parte de algo muito maior.

Por fim, a prática da gratidão é fundamental para manter essa conexão viva. Ao final de cada dia, reserve um momento para refletir sobre as coisas pelas quais você é grato. Isso pode incluir momentos de beleza, conexões significativas com outras pessoas ou experiências que o inspiraram. Ao cultivar essa mentalidade de gratidão, você não apenas eleva sua própria energia, mas também se abre para receber mais da abundância que o universo tem a oferecer.

Esses exercícios são convites para que você se conecte de maneira mais profunda com a fonte universal. À medida que você integra essas práticas em sua rotina, comece a observar as mudanças que ocorrem em sua vida. A conexão com o infinito não é apenas uma busca espiritual, mas uma experiência transformadora que pode enriquecer sua existência e expandir sua consciência. Ao se permitir explorar essas práticas, você se tornará um canal para a energia universal, moldando sua realidade com amor, sabedoria e intencionalidade.

A Relevância da Conexão com o Infinito na Vida Pessoal

A conexão com o infinito é uma fonte inesgotável de inspiração e motivação que pode influenciar profundamente nossas decisões e a maneira como enfrentamos os desafios da vida. Ao reconhecermos que somos parte de um todo maior, começamos a perceber que nossas escolhas não são apenas pessoais, mas ressoam em um nível cósmico, impactando o universo ao nosso redor. Essa consciência nos empodera, permitindo que nos tornemos cocriadores de nossa realidade.

Imagine-se diante de uma encruzilhada, onde duas opções se apresentam. A conexão com o infinito pode ser a luz que ilumina seu caminho. Ao refletir sobre qual escolha ressoa mais com sua essência, você pode sentir uma intuição que vai além da lógica. Essa intuição é a voz do infinito, guiando-o em direção a decisões que estão alinhadas com seu verdadeiro propósito. A prática de estar sintonizado com essa energia cósmica pode transformar a maneira como você aborda cada situação, tornando-o mais consciente e deliberado em suas ações.

Em momentos de dificuldade, a conexão com o infinito pode servir como um poderoso recurso. Pense em uma situação desafiadora que você enfrentou. Ao olhar para ela sob a perspectiva do infinito, você provavelmente encontrou uma nova maneira de lidar com o problema. Essa visão ampliada permite que você veja além do imediato, percebendo que cada desafio é uma oportunidade de crescimento.

Ao abraçar essa mentalidade, você se torna mais resiliente, capaz de enfrentar adversidades com coragem e determinação.

Além disso, a conexão com o infinito também pode ser uma fonte de inspiração criativa. Quando nos permitimos acessar essa dimensão mais ampla da consciência, novas ideias e soluções emergem. Muitos artistas, escritores e inovadores relatam que suas melhores criações surgiram em momentos de profunda conexão com algo maior. Essa energia criativa é acessível a todos nós, basta estarmos abertos a recebê-la. Praticar a meditação, a visualização e a gratidão podem ajudar a sintonizar sua mente e coração com essa fonte infinita de inspiração.

Ao refletir sobre seu papel como cocriador de sua realidade, é importante lembrar que a conexão com o infinito não é apenas uma experiência pessoal, mas também uma responsabilidade coletiva. Cada um de nós tem o poder de influenciar o mundo ao nosso redor, e essa influência é amplificada quando estamos cientes de nossa interconexão. Imagine um mundo onde cada pessoa reconhece seu papel na criação de uma realidade mais harmoniosa e amorosa. Essa é a verdadeira magia da conexão com o infinito: a capacidade de transformar não apenas nossas vidas, mas também a vida de todos ao nosso redor.

Convido você a refletir sobre como pode cultivar essa conexão em sua vida diária. Que práticas podem ajudá-lo a se sintonizar com o infinito? Como você pode usar essa conexão para enriquecer suas decisões e superar desafios? À medida que você explora essas questões, lembre-se de que a jornada para se conectar com o infinito é uma oportunidade de transformação contínua. Cada passo que você dá nesse caminho não apenas molda sua realidade, mas também contribui para um mundo mais consciente e conectado. A verdadeira essência do infinito reside em sua capacidade de criar, inspirar e transformar, e essa jornada começa agora, dentro de você.

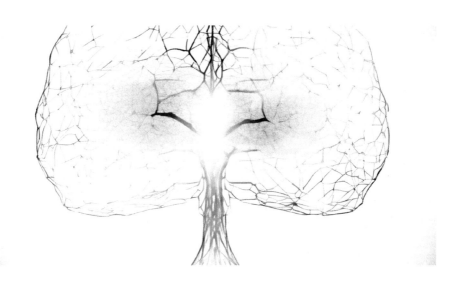

CAPÍTULO 6:
A Prática da Presença

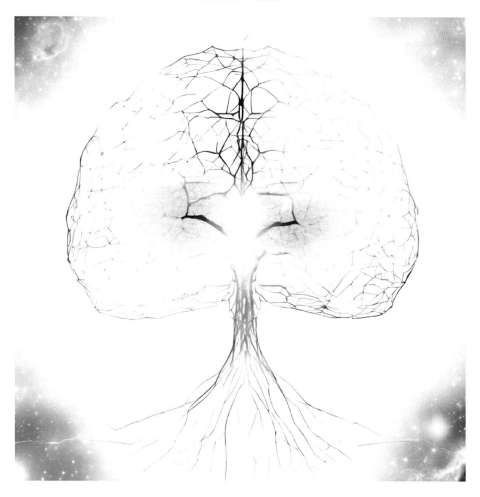

A prática da presença, conhecida como mindfulness, é uma ferramenta poderosa que nos convida a viver plenamente no momento presente. Em um mundo repleto de distrações e informações constantes, muitas vezes nos perdemos em pensamentos sobre o passado ou ansiedades em relação ao futuro. Essa desconexão pode nos levar a um estado de estresse, ansiedade e até mesmo a um sentimento de insatisfação com a vida. Ao abraçar a prática da presença, podemos transformar nossa experiência diária, trazendo mais clareza, paz e propósito para nossas vidas.

Mindfulness nos ensina a observar nossos pensamentos e emoções sem julgamento, permitindo que nos tornemos mais conscientes de como reagimos às situações ao nosso redor. Essa consciência é fundamental para o nosso bem-estar, pois nos ajuda a reconhecer padrões de comportamento que podem estar nos impedindo de viver de forma plena. Quando aprendemos a estar presentes, começamos a perceber a beleza nas pequenas coisas: o cheiro do café pela manhã, o som das folhas ao vento ou o sorriso de um amigo. Essas experiências, muitas vezes ignoradas, são pequenas joias que enriquecem nossa vida.

Estudos mostram que a prática da atenção plena pode reduzir significativamente os níveis de estresse, melhorar a saúde mental e até mesmo fortalecer as relações interpessoais. Quando estamos realmente presentes nas interações com os outros, somos capazes de ouvir com mais empatia e responder com mais compreensão. Isso cria um ambiente onde as relações podem florescer, pois cada pessoa se sente vista e valorizada. Portanto, ao cultivar a presença, não apenas transformamos nossa própria vida, mas também impactamos positivamente aqueles ao nosso redor.

Para começar a integrar a prática da presença em seu dia a dia, é essencial refletir sobre suas experiências atuais. Pergunte-se: em quais momentos você se sente mais presente? Quais atividades o fazem perder a noção do tempo? Ao identificar essas situações, você pode começar a criar espaços em sua rotina para se conectar mais profundamente com o momento presente. Isso pode ser tão simples quanto dedicar alguns minutos ao acordar para respirar e se conectar com sua intenção para o dia ou praticar a gratidão ao final do dia, reconhecendo as pequenas bênçãos que muitas vezes passam despercebidas.

A prática da presença é um convite para viver de forma mais intencional. Ao nos tornarmos conscientes de nossas ações e reações, adquirimos a capacidade de fazer escolhas mais alinhadas com nossos valores e objetivos. Imagine ter a clareza necessária para tomar decisões que realmente ressoam com sua essência, em vez de agir por impulso ou hábito. Essa transformação não acontece da noite para o dia, mas é um processo contínuo de autodescoberta e crescimento.

Convido você a refletir sobre como a prática da presença pode enriquecer sua vida. Que passos você pode dar hoje para se conectar mais profundamente com o momento presente? Ao explorar essas questões, você estará dando o primeiro passo em direção a uma vida mais consciente e significativa, onde cada momento é uma oportunidade de transformação e conexão com o infinito que reside dentro de você.

Técnicas Práticas para Cultivar a Presença

Cultivar a presença em nossas vidas é um convite para nos conectarmos de maneira mais profunda com o momento atual. A prática da atenção plena não precisa ser complicada; pelo contrário, pode ser integrada de forma simples e acessível ao nosso cotidiano. Vamos explorar algumas técnicas práticas que podem ajudá-lo a desenvolver essa habilidade transformadora.

Uma das maneiras mais eficazes de começar é através da meditação de atenção plena. Para isso, encontre um espaço tranquilo, onde você possa se sentar confortavelmente. Feche os olhos e traga sua atenção para a respiração. Sinta o ar entrando e saindo do seu corpo. Se sua mente começar a divagar, não se preocupe; isso é normal. Apenas reconheça os pensamentos e gentilmente traga sua atenção de volta à respiração. Essa prática, mesmo que realizada por apenas cinco minutos por dia, pode criar uma base sólida para a presença em sua vida.

Outra técnica poderosa é o exercício de respiração consciente. Em momentos de estresse ou ansiedade, faça uma pausa e respire profundamente. Inspire contando até quatro, segure a respiração por quatro segundos e, em seguida, expire lentamente contando até seis. Repita esse ciclo algumas vezes. Essa prática não apenas ajuda a acalmar a mente, mas também a ancorá-lo no momento presente, permitindo que você observe a situação com mais clareza e tranquilidade.

A gratidão é uma prática que pode ser realizada a qualquer momento e tem o poder de nos trazer de volta ao presente. Ao final de cada dia, reserve um momento para refletir sobre três coisas pelas quais você é grato. Isso pode incluir desde um sorriso de um amigo até a beleza de um pôr do sol. Ao focar nas pequenas bênçãos, você começa a valorizar o que está ao seu redor, cultivando uma atitude de presença e apreciação pela vida.

Integrar a presença em atividades diárias, como as refeições, também é uma excelente maneira de praticar mindfulness. Tente fazer uma refeição sem distrações, como televisão ou celular. Preste atenção nos sabores, texturas e aromas dos alimentos. Sinta cada mordida e permita-se saborear a experiência. Essa prática não só torna a refeição mais prazerosa, mas também o ancora no momento presente, transformando uma atividade cotidiana em um ritual de presença.

As conversas também são uma oportunidade perfeita para praticar a presença. Ao interagir com alguém, faça um esforço consciente para ouvir ativamente. Isso significa estar totalmente focado na pessoa, evitando pensar em sua resposta enquanto o outro fala. Ao fazer isso, você não só demonstra respeito e empatia, mas também se conecta mais profundamente com a outra pessoa, criando um espaço de interação genuína.

Por último, a prática da caminhada consciente é uma forma maravilhosa de integrar a presença em sua rotina. Ao caminhar, preste atenção em cada passo. Sinta o contato dos pés com o chão, a brisa no rosto e os sons ao seu redor. Essa prática simples pode transformar um passeio comum em uma experiência revitalizante e cheia de consciência.

Essas técnicas práticas são convites para que você se reconecte com o momento presente. Ao incorporá-las em sua vida diária, você não só enriquecerá suas experiências, mas também começará a viver com mais intencionalidade e clareza. A presença é uma habilidade que pode ser desenvolvida, e cada pequeno passo que você dá nesse caminho traz uma nova profundidade à sua jornada. Que você possa descobrir a beleza e a magia que existem em cada momento!

A Influência da Presença nas Relações e Decisões

A prática da presença não é apenas uma ferramenta de autoconhecimento; ela é um verdadeiro catalisador para transformar nossas relações interpessoais e melhorar a qualidade de nossas decisões. Quando nos dedicamos a estar plenamente presentes, desenvolvemos uma capacidade única de nos conectar com os outros de maneira mais profunda e significativa. Imagine-se em uma conversa onde você realmente ouve a outra pessoa, onde cada palavra é recebida com atenção e empatia. Essa é a essência da presença, e ela pode mudar radicalmente a dinâmica de qualquer interação.

Estar presente durante as interações não apenas aumenta a empatia, mas também nos permite perceber nuances e emoções que, de outra forma, poderiam passar despercebidas. Por exemplo, ao ouvir um amigo desabafar sobre suas preocupações, a presença nos ajuda a captar não apenas as palavras, mas também o tom de voz e a linguagem corporal. Essa percepção aguçada nos permite responder de forma mais adequada, oferecendo apoio genuíno e criando um espaço seguro para que a outra pessoa se sinta valorizada e compreendida.

Além disso, a presença é uma aliada poderosa na tomada de decisões.

Quando estamos imersos em nossas preocupações ou distrações, é fácil agir por impulso, levando a escolhas que podem não estar alinhadas com nossos valores ou objetivos. No entanto, ao praticar a atenção plena, podemos nos afastar do turbilhão emocional e nos ancorar na clareza do momento presente. Essa clareza nos permite avaliar as opções com mais discernimento, considerando não apenas os resultados imediatos, mas também as consequências a longo prazo de nossas decisões.

Considere a situação de alguém que enfrenta um dilema profissional. Se essa pessoa estiver sobrecarregada com estresse e distrações, pode optar por um caminho que não ressoe com suas verdadeiras aspirações. Mas se ela se permitir um momento de presença, refletindo sobre suas intenções e valores, poderá tomar uma decisão que não apenas beneficie sua carreira, mas também traga satisfação pessoal. Essa capacidade de fazer escolhas conscientes e alinhadas é um dos maiores presentes que a prática da presença nos oferece.

Convido você a refletir sobre suas próprias experiências. Em quais momentos você sentiu que estava verdadeiramente presente em suas relações? Como isso impactou a qualidade das interações que teve? Ao se lembrar de momentos em que a presença fez a diferença, você pode começar a identificar padrões e oportunidades para cultivar essa prática em sua vida cotidiana.

Além disso, é importante reconhecer que a presença não se limita a interações pessoais. Ela também se estende a como nos relacionamos com nós mesmos. Muitas vezes, somos nossos críticos mais severos, e essa autoavaliação negativa pode nos levar a decisões impulsivas ou reativas. Ao praticar a presença, começamos a desenvolver uma relação mais gentil e compassiva conosco. Essa autoaceitação nos permite fazer escolhas que refletem nosso verdadeiro eu, em vez de agir a partir do medo ou da insegurança.

Assim, a prática da presença se torna um círculo virtuoso. Ao nos conectarmos mais profundamente com os outros e com nós mesmos, criamos um espaço para decisões mais conscientes e alinhadas com nossos valores. Essa transformação não acontece da noite para o dia, mas a cada passo dado nessa jornada, você se aproxima de uma vida mais autêntica e gratificante.

A presença é um convite para viver com intenção e clareza. Ao integrar essa prática em sua vida, você não apenas melhora suas relações, mas também se torna um agente de mudança, capaz de moldar sua realidade de maneira positiva. Que você possa explorar essa prática e descobrir como a presença pode enriquecer cada aspecto de sua vida, trazendo mais significado e conexão ao seu dia a dia.

Reflexões e Compromissos com a Prática da Presença

Ao chegarmos ao final deste capítulo, é hora de refletir sobre sua jornada em direção à prática da presença. A prática do mindfulness é uma oportunidade de transformação contínua, e cada passo dado nesse caminho pode enriquecer sua vida de maneiras que você talvez ainda não tenha imaginado. Convido você a se perguntar: "Quais são os momentos em que me sinto mais presente?" e "Como posso integrar a mindfulness em minha rotina diária?"

Essas perguntas não são apenas convites à reflexão, mas também ferramentas poderosas para o ajudar a identificar as áreas da sua vida que podem se beneficiar da presença. Ao pensar sobre os momentos em que você se sentiu verdadeiramente conectado ao agora, comece a notar os padrões que emergem. Pode ser durante uma caminhada ao ar livre, ao interagir com alguém especial ou mesmo em momentos de silêncio consigo mesmo. Esses são os momentos que merecem ser cultivados e ampliados.

Agora, considere como você pode estabelecer compromissos pessoais para cultivar essa prática. Pode ser tão simples quanto dedicar cinco minutos do seu dia para meditar ou praticar a gratidão. Estabeleça um horário específico para isso, talvez logo ao acordar ou antes de dormir. Ao criar essa rotina, você não apenas se compromete com sua prática, mas também se dá a oportunidade de experimentar os benefícios da presença de maneira consistente.

Outra forma de cultivar a presença é através da criação de lembretes visuais. Coloque postites em lugares estratégicos, como na geladeira ou na tela do computador, com frases que o inspirem a parar e respirar. Palavras como "Apenas respire" ou "Este momento é tudo o que temos" podem servir como pequenos lembretes para trazê-lo de volta ao presente sempre que você se sentir distraído.

Além disso, envolva-se em conversas significativas que incentivem a presença. Ao se reunir com amigos ou familiares, faça um esforço consciente para estar totalmente presente. Desligue o celular e concentre-se na interação. Pergunte sobre a vida deles, ouça atentamente e compartilhe suas próprias experiências de maneira autêntica. Essas trocas não apenas fortalecerão seus laços, mas também criarão um ambiente propício para a prática da presença.

Por fim, lembre-se de que a prática da presença é um caminho contínuo de autodescoberta. Não se cobre por resultados imediatos; em vez disso, celebre cada pequeno progresso. Cada momento em que você se lembra de estar presente é uma vitória. A jornada é tão importante quanto o destino, e cada passo que você dá em direção a uma vida mais consciente é uma contribuição significativa para sua transformação pessoal.

Convido você a levar essas reflexões e compromissos consigo ao longo de sua jornada. Que você possa explorar a beleza e a profundidade que a prática da presença pode trazer à sua vida. Ao se permitir viver plenamente no momento presente, você não apenas transforma sua própria experiência, mas também se torna uma fonte de luz e inspiração para aqueles ao seu redor. A prática da presença é um convite para se conectar com a essência do que significa ser humano, e essa conexão é o que realmente enriquece nossa existência.

CAPÍTULO 7:
O Poder das Intenções

As intenções são como bússolas que nos guiam em direção aos nossos desejos mais profundos. Elas não são meros desejos efêmeros, mas sim declarações poderosas que moldam a realidade que experimentamos. Quando falamos de intenções, estamos nos referindo a um compromisso interno que vai além da superficialidade dos anseios. É um ato de consciência e escolha que nos conecta com a essência do que realmente queremos para nossas vidas.

Muitas vezes, confundimos intenções com desejos. Um desejo pode ser algo passageiro, como querer um novo carro ou uma promoção no trabalho. Já uma intenção é profundamente enraizada em nossos valores e propósitos. Por exemplo, ao invés de simplesmente desejar um carro novo, você pode ter a intenção de criar uma vida de liberdade e mobilidade, onde cada viagem se torna uma oportunidade de explorar o mundo. Essa diferença é crucial, pois as intenções têm o poder de nos alinhar com o que realmente importa.

Ao refletir sobre suas próprias intenções, pergunte-se: "O que eu realmente quero para minha vida?" Essa pergunta pode parecer simples, mas a profundidade de sua resposta pode ser transformadora. Ao identificar suas intenções, você começa a perceber que elas são a base para a manifestação de suas aspirações. Elas atuam como uma âncora, mantendo você focado em seus objetivos, mesmo diante das tempestades da vida.

Uma maneira eficaz de formular suas intenções é utilizar a técnica do "porquê". Ao estabelecer uma intenção, pergunte-se repetidamente: "Por que isso é importante para mim?" Essa prática não apenas ajuda a aprofundar sua compreensão, mas também revela camadas ocultas de motivação que podem ser essenciais para a realização de suas intenções. Por exemplo, se sua intenção é "quero ser mais saudável", ao perguntar "por que isso é importante?", você pode descobrir que deseja ter mais energia para brincar com seus filhos ou para viajar pelo mundo. Essa conexão emocional é o que torna a intenção poderosa.

Além disso, é fundamental que suas intenções sejam claras e específicas. Quando você define uma intenção vaga, como "quero ser feliz", pode ser difícil saber como agir para alcançá-la. Em vez disso, transforme essa intenção em algo mais concreto, como "quero criar uma rotina diária que inclua exercícios e meditação". Essa clareza não só facilita a manifestação, mas também permite que você meça seu progresso ao longo do caminho.

Convido você a refletir sobre suas intenções atuais. Quais são as áreas da sua vida que você gostaria de transformar? Ao identificar essas áreas, comece a escrever suas intenções de forma positiva e no presente, como se já fossem uma realidade. Por exemplo, em vez de "quero ter mais confiança", diga "eu sou confiante e seguro de mim". Essa mudança de linguagem não apenas reforça a intenção, mas também ativa uma energia vibracional que atrai o que você deseja.

Lembre-se de que as intenções não são estáticas; elas evoluem à medida que você cresce e se transforma. Portanto, é importante revisitar suas intenções regularmente. Pergunte-se se elas ainda ressoam com você e se estão alinhadas com seus valores e objetivos atuais. Essa prática de revisão não apenas mantém suas intenções frescas, mas também permite que você ajuste sua trajetória conforme necessário.

À medida que você se compromete a viver intencionalmente, comece a observar como suas intenções influenciam suas ações e decisões. Cada escolha que você faz pode ser uma expressão de sua intenção, criando um efeito dominó que molda sua realidade. Essa conscientização é um passo poderoso em direção à manifestação, pois você se torna um cocriador ativo de sua vida, alinhando suas ações com suas intenções mais profundas.

O poder das intenções é uma ferramenta extraordinária que todos nós podemos utilizar para transformar nossas vidas. Ao entender a diferença entre desejos e intenções, formular intenções claras e específicas, e revisá-las regularmente, você se coloca em uma posição privilegiada para manifestar o que realmente deseja. Que você possa abraçar essa prática e descobrir a magia que reside na força das suas intenções.

Formulando Intenções Poderosas

Quando falamos sobre intenções, é essencial entender que elas são mais do que simples afirmações; são expressões profundas do que realmente desejamos para nossas vidas. Para formular intenções poderosas, primeiro precisamos nos conectar com a essência do que queremos. Isso requer um momento de introspecção, onde podemos nos perguntar: "O que realmente importa para mim?" e "Como isso se alinha com meus valores mais profundos?"

Uma técnica eficaz para ajudar nesse processo é a escrita. Pegue um papel e escreva suas intenções de forma clara e específica. Por exemplo, ao invés de escrever "quero ser feliz", você pode formular algo como "eu me sinto realizado ao encontrar alegria nas pequenas coisas do dia a dia". Essa mudança de linguagem não só traz clareza, mas também ativa uma energia vibracional que ressoa com suas aspirações.

Além disso, a conexão emocional é um componente crucial na formulação de intenções. Quando expressamos nossas intenções, devemos sentir a emoção que elas evocam. Pergunte-se: "Como me sentirei quando essa intenção se manifestar?" Essa prática não apenas fortalece a intenção, mas também cria uma motivação interna que impulsiona nossas ações. Por exemplo, se sua intenção é "quero ter uma saúde vibrante", visualize-se vivendo essa realidade, sentindo a energia e a vitalidade que isso traz.

Outro aspecto importante é a clareza. Intenções vagas podem levar a resultados confusos. Ao definir suas intenções, busque ser o mais específico possível. Em vez de "quero melhorar minha vida financeira", formule como "eu sou financeiramente estável e capaz de economizar 20% do meu salário todos os meses". Essa clareza permite que você crie um plano de ação mais estruturado e mensurável, facilitando o caminho para a manifestação.

A prática da visualização é uma ferramenta poderosa que

complementa a formulação de intenções. Reserve um tempo diariamente para visualizar suas intenções como se já fossem uma realidade. Imagine-se vivendo essa experiência, sinta as emoções associadas e perceba os detalhes ao seu redor. Essa prática não só reforça suas intenções, mas também cria uma conexão mais profunda com o que você deseja manifestar.

Além disso, não subestime o poder da gratidão. Ao expressar gratidão por tudo o que você já tem, você eleva sua vibração e se alinha com a energia da abundância. Isso cria um espaço fértil para que suas intenções se manifestem. Tente incluir a gratidão em sua prática diária, reconhecendo as pequenas vitórias e os passos que você já deu em direção aos seus objetivos.

Por fim, lembre-se de que as intenções não são estáticas. À medida que você cresce e evolui, suas intenções também devem evoluir. Reserve um tempo, regularmente, para revisar suas intenções e ajustar o que não ressoa mais com você. Essa prática garante que você esteja sempre alinhado com sua verdadeira essência e que suas intenções reflitam seu crescimento pessoal.

Neste processo de formular intenções poderosas, você se torna o arquiteto de sua própria realidade. Ao se comprometer com a prática de expressar e nutrir suas intenções, você se coloca em uma posição privilegiada para transformar sua vida de maneira significativa. Que você possa abraçar essa jornada com coragem e determinação, permitindo que suas intenções sejam o guia que ilumina seu caminho.

A manifestação das intenções é um processo que vai além da simples formulação de desejos; envolve uma série de práticas que fortalecem nossa conexão com o que realmente desejamos. Ao se comprometer com suas intenções, você começa a observar como elas influenciam suas ações e, consequentemente, a realidade ao seu redor. Cada escolha que você faz pode ser uma expressão de sua intenção, criando um efeito dominó que molda sua vida.

Uma das chaves para a manifestação eficaz é a visualização. Imagine-se vivendo a realidade que deseja criar. Reserve um tempo diariamente para fechar os olhos e visualizar suas intenções como se já fossem uma verdade. Sinta as emoções que essa realização traz, perceba os detalhes ao seu redor e mergulhe na experiência. Essa prática não só reforça suas intenções, mas também cria uma energia vibracional que atrai o que você deseja.

A gratidão é outra ferramenta poderosa nesse processo. Quando expressamos gratidão por tudo o que já temos, elevamos nossa vibração e nos alinhamos com a energia da abundância. Essa prática cria um espaço fértil para que suas intenções se manifestem. Tente incluir a gratidão em sua rotina diária, reconhecendo as pequenas vitórias e os passos que você já deu em direção aos seus objetivos. Ao fazer isso, você não apenas se conecta com o que já conquistou, mas também se prepara para receber ainda mais.

Além disso, a ação alinhada é fundamental. Não basta apenas formular intenções; é preciso agir de acordo com elas. Pergunte-se: "Quais passos posso dar hoje para me aproximar da realização dessas intenções?" Essas ações não precisam ser grandes; podem ser pequenas mudanças diárias que, somadas, levarão você na direção desejada. Por exemplo, se sua intenção é melhorar sua saúde, comece a incorporar hábitos saudáveis em sua rotina, como beber mais água ou dedicar alguns minutos para se exercitar.

É importante lembrar que as intenções não são estáticas. À medida que você cresce e evolui, suas intenções também devem evoluir. Reserve um tempo regularmente para revisar suas intenções e ajustar o que não ressoa mais com você. Essa prática garante que você esteja sempre alinhado com sua verdadeira essência e que suas intenções reflitam seu crescimento pessoal.

Neste caminho de manifestação, você se torna o arquiteto de sua própria realidade. Ao se comprometer com a prática de expressar e nutrir suas intenções, você se coloca em uma posição privilegiada para transformar sua vida de maneira significativa. Que você possa abraçar essa jornada com coragem e determinação, permitindo que suas intenções sejam o guia que ilumina seu caminho.

Por fim, lembre-se de que a jornada da manifestação é contínua. Cada passo que você dá em direção à realização de suas intenções é uma oportunidade de aprendizado e crescimento. Ao se permitir viver plenamente nesse processo, você não só transforma sua própria vida, mas também se torna uma fonte de inspiração para aqueles ao seu redor. Que você possa descobrir a magia que reside no poder das suas intenções, moldando sua realidade com consciência e amor.

A prática de formular intenções poderosas é um passo fundamental para a transformação que almejamos em nossas vidas. Para que suas intenções sejam realmente eficazes, é essencial que você se conecte com o que deseja de maneira profunda e sincera. Isso envolve um processo de autoconhecimento que vai além da superfície, permitindo que você identifique o que realmente importa para você.

Uma abordagem prática para isso é a escrita reflexiva. Reserve um momento tranquilo em sua rotina, pegue um papel e comece a anotar suas intenções. Não se preocupe com a perfeição; o objetivo aqui é expressar o que está em seu coração. Pergunte a si mesmo: "O que eu realmente quero?" e "Como isso se alinha com os meus valores e sonhos mais profundos?" Ao escrever, busque ser específico e positivo. Em vez de dizer "quero ser feliz", escreva "eu sou uma pessoa realizada e encontro alegria nas pequenas coisas do dia a dia".

Conectar-se emocionalmente com suas intenções é igualmente importante. Ao formular suas intenções, visualize-se vivendo essa realidade. Como você se sente? O que está ao seu redor? Essa visualização não apenas torna suas intenções mais vívidas, mas também ativa uma energia vibracional que ressoa com o que você deseja. Imagine sentir a satisfação de alcançar seus objetivos, a alegria de viver em harmonia com suas intenções. Essa prática de visualizar e sentir é uma chave poderosa para a manifestação.

Além disso, a clareza é um elemento crucial. Intenções vagas podem levar a resultados confusos. Por isso, busque ser o mais claro e específico possível. Ao invés de "quero ter sucesso", formule como "eu me sinto realizado ao alcançar minhas metas profissionais e contribuir para minha comunidade". Essa clareza não apenas facilita a manifestação, mas também permite que você meça seu progresso.

A gratidão deve ser uma parte integrante desse processo. Ao expressar gratidão por tudo o que já possui, você se alinha com a energia da abundância. Isso cria um ambiente fértil para que suas intenções se manifestem. Experimente, ao final de cada dia, escrever três coisas pelas quais você é grato. Isso não só eleva sua vibração, mas também reforça sua conexão com o que já conquistou.

A ação alinhada é o próximo passo. Não basta apenas formular intenções; é preciso agir de acordo com elas. Pergunte-se: "Quais passos posso dar hoje para me aproximar da realização dessas intenções?" Essas ações podem ser pequenas, mas somadas, elas fazem uma diferença significativa. Se sua intenção é melhorar sua saúde, comece a incluir hábitos saudáveis em sua rotina, como beber mais água ou dedicar alguns minutos para se exercitar.

Lembre-se de que as intenções não são estáticas. À medida que você cresce e evolui, suas intenções também devem evoluir. Reserve um tempo regularmente para revisar suas intenções e ajustar o que não ressoa mais com você. Essa prática garante que você esteja sempre alinhado com sua verdadeira essência, permitindo que suas intenções reflitam seu crescimento pessoal.

Neste processo de formular intenções poderosas, você se torna o arquiteto de sua própria realidade. Ao se comprometer com a prática de expressar e nutrir suas intenções, você se coloca em uma posição privilegiada para transformar sua vida de maneira significativa. Que você possa abraçar essa jornada com coragem e determinação, permitindo que suas intenções sejam o guia que ilumina seu caminho.

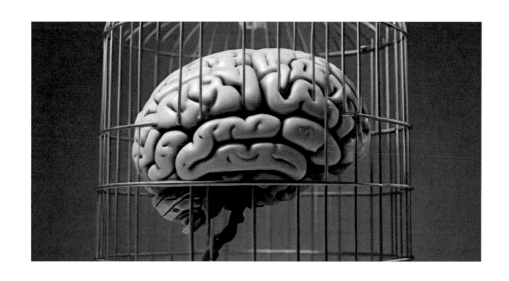

CAPÍTULO 8:
Superando Obstáculos Pessoais

Identificação dos Obstáculos Internos

A o longo de nossa jornada, todos nós enfrentamos desafios que podem parecer intransponíveis. Medos, inseguranças e crenças limitantes são barreiras invisíveis que podem bloquear nossa energia pessoal e impedir que avancemos em direção aos nossos objetivos. É fundamental reconhecer que esses obstáculos não definem quem somos, mas sim são parte da experiência humana que todos compartilhamos.

Vamos iniciar essa reflexão com um convite: reserve um momento para se conectar consigo mesmo. Pergunte-se: quais medos têm me paralisado? Quais inseguranças têm sussurrado em meu ouvido, dizendo que eu não sou capaz? Pode ser o medo do fracasso, a insegurança sobre suas habilidades ou até mesmo a crença de que não merece o sucesso. Ao reconhecer esses padrões, você dá o primeiro passo para a transformação.

Considere a história de Ana, uma jovem que sempre sonhou em ser artista. Desde criança, ela desenhava e pintava, mas à medida que crescia, começou a se comparar com outros artistas talentosos. O medo de não ser boa o suficiente a levou a guardar seus trabalhos em uma gaveta, longe dos olhos do mundo. Foi somente quando ela decidiu enfrentar esse medo, reconhecendo-o como um obstáculo que precisava ser superado, que começou a compartilhar sua arte. Ana descobriu que o ato de criar não era sobre ser a melhor, mas sobre expressar sua verdade.

Esses exemplos nos mostram que a identificação dos obstáculos internos é um processo essencial de autoconhecimento. Ao refletir sobre suas próprias experiências, você pode perceber que não está sozinho nessa jornada. Cada um de nós carrega suas lutas e desafios, mas também possui a capacidade de superá-los.

Outra questão importante a considerar é: quais crenças limitantes estão moldando sua percepção da realidade? Muitas vezes, essas crenças são formadas em nossa infância e se tornam verdades absolutas em nossas mentes. Pode ser a crença de que "não sou bom o suficiente" ou "nunca serei capaz de mudar minha situação". Essas ideias podem ser profundamente enraizadas, mas é possível reprogramá-las.

Uma técnica poderosa para desafiar essas crenças é a prática da autoafirmação. Ao invés de se deixar levar por pensamentos negativos, comece a afirmar sua capacidade e valor. Diga a si mesmo: "Eu sou capaz de realizar meus sonhos" ou "Eu mereço ser feliz e bem-sucedido". Essas afirmações, quando repetidas com sinceridade, começam a criar novas conexões em sua mente, abrindo espaço para novas possibilidades.

Além disso, ao compartilhar suas experiências com outras pessoas, você pode encontrar apoio e encorajamento. Conversar sobre seus medos e inseguranças pode aliviar o peso que você carrega, permitindo que você veja seus desafios sob uma nova luz. Muitas vezes, ao ouvir as histórias de superação de outras pessoas, você encontrará inspiração para enfrentar suas próprias lutas.

Lembre-se: o caminho para superar obstáculos pessoais é uma jornada contínua. A cada passo que você dá em direção ao autoconhecimento e à aceitação, você se torna mais forte e mais capaz de enfrentar os desafios que surgirem. Ao reconhecer seus medos e crenças limitantes, você não apenas se liberta de suas amarras, mas também se abre para um mundo de possibilidades infinitas.

A jornada de superação começa com a coragem de olhar para dentro e identificar o que está bloqueando sua energia pessoal. Ao fazer isso, você se permite transformar suas dificuldades em degraus para o sucesso. Que você possa abraçar essa jornada de autodescoberta, sabendo que, assim como Ana, você também pode encontrar a força para se libertar e brilhar intensamente.

Ferramentas Práticas para Superação

A superação de obstáculos pessoais é um processo que exige não apenas identificação, mas também ação. Para isso, é fundamental contar com ferramentas práticas que possam ser incorporadas ao dia a dia, permitindo que você se mova em direção aos seus objetivos com confiança e clareza. Vamos explorar algumas dessas ferramentas que podem transformar sua jornada.

Uma das práticas mais poderosas é a autocompaixão. Muitas vezes, somos nossos críticos mais severos, e essa autocrítica pode se tornar um obstáculo significativo. Em vez de se julgar, comece a se tratar com a mesma gentileza que ofereceria a um amigo em dificuldades. Pergunte a si mesmo: "Como eu posso ser mais gentil comigo neste momento?" Ao cultivar a autocompaixão, você cria um espaço seguro para enfrentar seus desafios, permitindo que a vulnerabilidade se torne uma fonte de força.

Exercícios de respiração também são ferramentas valiosas. Quando estamos sobrecarregados, nossa energia pode se dispersar, e a respiração consciente nos ajuda a reconectar. Experimente a técnica de respiração 4-7-8: inspire profundamente pelo nariz durante 4 segundos, segure a respiração por 7 segundos e expire lentamente pela boca durante 8 segundos. Repita isso algumas vezes e observe como sua mente e corpo se acalmam. Essa prática simples pode ser um alicerce poderoso para enfrentar situações desafiadoras.

A meditação é outra ferramenta transformadora. Dedicar alguns minutos por dia para meditar pode ajudar a clarear a mente e a fortalecer sua conexão interior. Encontre um lugar tranquilo, feche os olhos e concentre-se em sua respiração. Se sua mente divagar, gentilmente traga seu foco de volta para a respiração. Com o tempo, você notará uma maior capacidade de lidar com os obstáculos, pois a meditação cultiva a paciência e a resiliência.

A visualização positiva é uma técnica que pode ser incrivelmente eficaz. Reserve um momento para imaginar-se superando um obstáculo específico. Visualize cada detalhe: como você se sente, o que está fazendo, quem está ao seu redor. Essa prática não apenas fortalece sua confiança, mas também cria uma representação mental clara do sucesso, que pode ser um guia poderoso quando você enfrentar desafios.

As afirmações são outra ferramenta poderosa para reprogramar sua mente. Crie frases que reflitam suas intenções e desejos. Por exemplo, se você luta contra a insegurança, pode afirmar: "Eu sou capaz e mereço alcançar meus objetivos." Repetir essas afirmações diariamente ajuda a substituir crenças limitantes por uma mentalidade positiva e fortalecedora.

Além disso, o apoio social não deve ser subestimado. Compartilhar suas lutas com amigos ou grupos de apoio pode proporcionar uma sensação de pertencimento e encorajamento. Muitas vezes, ouvir as histórias de superação de outras pessoas pode inspirá-lo a enfrentar seus próprios desafios com renovada determinação.

Por fim, é importante lembrar que a superação é um processo. Cada passo que você dá em direção à sua transformação é valioso. Celebre suas pequenas vitórias, reconhecendo que cada conquista, por menor que seja, é uma prova de sua capacidade de superar obstáculos. Ao incorporar essas ferramentas em sua vida, você criará um arsenal de recursos que o apoiarão em sua jornada de autodescoberta e superação. Que você possa abraçar essas práticas e encontrar nelas a força necessária para avançar em direção à vida que deseja.

As narrativas de superação são poderosas ferramentas que nos inspiram e nos conectam com a essência da resiliência humana. Vamos explorar algumas histórias de pessoas que enfrentaram desafios significativos e conseguiram transformá-los em oportunidades de crescimento e aprendizado.

Considere a trajetória de Roberto, um homem que sempre sonhou em ser atleta profissional. Desde pequeno, ele se dedicava ao esporte, mas um acidente de carro o deixou com uma lesão severa no joelho, colocando em risco toda a sua carreira. Durante meses, Roberto enfrentou a dor e a frustração, sentindo-se perdido e sem esperança. No entanto, em vez de se deixar abater, ele decidiu usar essa experiência como um catalisador para a mudança.

Roberto começou a se envolver em atividades de reabilitação

e, durante esse processo, descobriu uma paixão inesperada pelo treinamento de jovens atletas. Ele percebeu que poderia compartilhar seu conhecimento e motivar outros a alcançar seus sonhos, mesmo que ele não pudesse mais competir. Com o tempo, Roberto se tornou um treinador respeitado, ajudando muitos jovens a superarem suas próprias barreiras. Sua história nos ensina que, mesmo nas situações mais difíceis, podemos encontrar um novo propósito e impactar a vida de outras pessoas positivamente.

Outra narrativa inspiradora é a de Clara, uma mulher que enfrentou um longo período de desemprego após ser demitida de um emprego que considerava seguro. No início, ela sentiu o peso da insegurança e do medo do futuro. Contudo, em vez de se deixar dominar pelo desânimo, Clara decidiu investir em seu autodesenvolvimento. Ela começou a fazer cursos online, a aprender novas habilidades e a se conectar com pessoas do seu setor.

Com o tempo, Clara não apenas conseguiu um novo emprego, mas também se tornou uma especialista em sua área, sendo reconhecida por suas contribuições. Sua jornada destaca a importância da adaptação e do aprendizado contínuo. Clara nos lembra que os obstáculos podem ser oportunidades disfarçadas, e que a perseverança e a determinação são essenciais para transformar dificuldades em conquistas.

Essas histórias de superação revelam uma verdade fundamental: todos nós temos a capacidade de enfrentar desafios e emergir mais fortes. Ao nos conectarmos com as experiências de outros, encontramos coragem e inspiração para lidar com nossas próprias lutas. Cada narrativa é uma chave que abre portas para a compreensão de que os obstáculos não são o fim, mas sim uma parte valiosa da jornada.

Ao refletir sobre essas histórias, pergunte-se: quais desafios você já enfrentou e como eles moldaram quem você é hoje? Que lições você pode extrair de suas experiências e como pode usá-las para inspirar outros? Ao compartilhar suas próprias narrativas de superação, você não só valida sua jornada, mas também se torna uma luz para aqueles que ainda estão lutando em suas próprias batalhas. Que você possa encontrar força e inspiração nas histórias de superação e, assim, criar sua própria narrativa de resiliência e transformação.

Criando um Novo Caminho

Ao longo da vida, todos nós nos deparamos com obstáculos que, à primeira vista, podem parecer intransponíveis. No entanto, é fundamental entender que esses desafios não são barreiras definitivas, mas sim oportunidades disfarçadas para o crescimento e a transformação. A chave para essa mudança de perspectiva está em cultivar uma mentalidade de crescimento. Esse conceito nos convida a ver cada dificuldade como uma chance de aprender e evoluir, em vez de um impasse.

Para iniciar essa jornada de criação de um novo caminho, é essencial refletir sobre o que você deseja realmente alcançar. Pergunte-se: "Quais são os meus objetivos mais profundos?" e "Como posso transformar meus obstáculos em oportunidades?" Ao fazer essa análise, você começa a desenhar um mapa que o guiará em direção ao que realmente importa em sua vida.

Uma prática poderosa para cultivar essa mentalidade é o estabelecimento de metas realistas e alcançáveis. Em vez de se deixar levar por grandes sonhos que podem parecer distantes, comece com passos pequenos e concretos. Por exemplo, se você deseja melhorar sua saúde, estabeleça a meta de caminhar por 20 minutos todos os dias. Ao alcançar essas metas menores, você se sentirá motivado e confiante para avançar em direção a objetivos maiores.

Além disso, considere a importância da flexibilidade. O caminho que você traçar pode não ser linear, e tudo bem. Momentos de desvio são naturais e podem trazer aprendizados valiosos. Ao invés de se frustrar com imprevistos, veja-os como oportunidades de adaptação. Pergunte-se: "O que posso aprender com essa situação?" Essa abordagem não apenas ajuda a manter a motivação, mas também fortalece sua resiliência diante dos desafios.

Outra ferramenta valiosa é a prática da gratidão. Ao reconhecer e valorizar cada passo que você dá, por menor que seja, você cria um ambiente mental positivo que favorece a superação. Experimente, ao final de cada dia, anotar três coisas pelas quais você é grato. Essa simples ação pode mudar sua perspectiva e ajudá-lo a ver os obstáculos como parte de uma jornada rica e significativa.

É igualmente importante cercar-se de pessoas que apoiam seu crescimento. O ambiente em que você está inserido pode ter um impacto significativo em sua energia e motivação. Busque relacionamentos que inspirem e energizem, que ofereçam suporte nos momentos difíceis e celebrem suas vitórias. Compartilhar seus objetivos com pessoas de confiança pode criar um círculo de apoio que potencializa suas conquistas.

Por fim, lembre-se de que a jornada de superação é contínua. Cada passo que você dá em direção à transformação é uma vitória. Ao adotar essa mentalidade de crescimento e ao utilizar as ferramentas mencionadas, você se coloca em uma posição privilegiada para não apenas enfrentar os obstáculos, mas também para transformá-los em trampolins rumo a uma vida mais plena e significativa.

Ao final deste capítulo, que você se sinta empoderado e preparado para criar seu novo caminho. Que cada desafio que surgir em seu caminho seja visto como uma oportunidade de crescimento, e que você tenha a coragem de seguir em frente, sabendo que possui as ferramentas e a força necessárias para superar qualquer obstáculo. A vida é uma jornada de aprendizado, e cada passo é uma chance de brilhar ainda mais intensamente.

CAPÍTULO 9:
A Influência das Relações

A Importância das Relações Interpessoais

Q uando pensamos em nossa jornada pessoal e espiritual, não podemos ignorar o impacto profundo que as relações interpessoais têm em nossas vidas. Desde o momento em que acordamos até a hora em que vamos dormir, estamos cercados por pessoas que, de alguma forma, moldam nossas experiências e percepções. As conexões humanas não são meros detalhes em nossa trajetória; elas são a essência que pode elevar ou drenar nossa energia pessoal.

Imagine por um momento como se sente ao estar na companhia de alguém que irradia positividade. É como estar em um espaço iluminado, onde cada palavra e gesto trazem um calor reconfortante. Por outro lado, já esteve em situações onde a energia parece pesada, como se cada conversa fosse um fardo? Essas experiências nos mostram que a qualidade das relações que cultivamos é fundamental para o nosso bem-estar e desenvolvimento espiritual.

Refletir sobre as pessoas que nos cercam é um exercício poderoso. Pergunte-se: as minhas relações são energizantes ou drenantes? São aquelas que me impulsionam a ser melhor ou que me fazem duvidar de mim mesmo? Ao fazer essa análise, você começa a perceber que algumas conexões podem estar impedindo seu crescimento, enquanto outras podem ser fontes inesgotáveis de inspiração e apoio.

Considere a história de Marcos, que sempre se sentiu perdido em sua carreira. Ele trabalhava em um ambiente onde as críticas eram constantes e a competitividade desenfreada. Com o tempo, Marcos percebeu que essa atmosfera estava drenando sua energia e sua paixão pelo que fazia. Decidido a mudar, ele começou a se cercar de pessoas que compartilhavam sua visão e entusiasmo. O resultado? Uma transformação não apenas em sua carreira, mas em sua vida como um todo. Marcos aprendeu que as relações certas podem ser um catalisador para o sucesso e a felicidade.

Além disso, é importante reconhecer que as relações não se limitam apenas a amigos e familiares. Colegas de trabalho, mentores e até mesmo conhecidos desempenham papéis significativos em nossa jornada. Cada interação, mesmo que breve, pode impactar nossa energia e nossa percepção de nós mesmos. Portanto, ao avaliar seu círculo social, considere a diversidade de conexões que você possui. Estão elas contribuindo para seu crescimento ou apenas ocupando espaço?

Outro aspecto a ser considerado é a forma como as relações moldam nossas crenças e comportamentos. Quando estamos cercados por pessoas que acreditam em nosso potencial, é mais fácil acreditar em nós mesmos. Por outro lado, se as vozes ao nosso redor são de dúvida e negatividade, podemos internalizar essas crenças limitantes. É aqui que se torna essencial escolher com sabedoria as vozes que permitimos em nossa vida.

Ao longo deste capítulo, convido você a refletir sobre o poder das relações em sua vida. Que histórias você pode compartilhar sobre conexões que mudaram sua trajetória? Que lições você aprendeu ao se cercar de pessoas que vibram na mesma frequência que você? Ao explorar essas questões, você começará a entender que, assim como a energia pessoal, as relações também são uma força poderosa que pode moldar sua realidade. Que este capítulo seja um convite para você cultivar relações que elevem sua vibração e o conduzam a um caminho de crescimento e realização.

O Círculo Social e Seu Poder

O conceito de círculo social é fundamental para compreendermos como as relações que cultivamos influenciam nossa jornada espiritual e emocional. Imagine seu círculo social como um reflexo do que você valoriza e do que você busca. Cada pessoa que faz parte desse círculo tem um papel, seja como fonte de apoio, inspiração ou, em alguns casos, como um desafio a ser superado. Ao mapear essas relações, você começa a perceber a profundidade do impacto que elas têm na sua energia pessoal e no seu desenvolvimento.

É importante reconhecer os diferentes tipos de relações que compõem nosso círculo social. Amigos íntimos, familiares, colegas de trabalho, mentores e até conhecidos desempenham papéis distintos em nossa vida. Cada uma dessas relações traz consigo uma energia única, que pode elevar ou diminuir nossa vibração. Por exemplo, um amigo que sempre acredita em você e o encoraja a seguir seus sonhos é uma presença energizante. Por outro lado, um colega que constantemente critica suas ideias pode se tornar uma fonte de drenagem emocional.

Ao refletir sobre essas dinâmicas, pergunte-se: como essas relações moldam suas crenças e comportamentos? A verdade é que estamos constantemente influenciados pelas pessoas ao nosso redor. Se você está cercado por pessoas que acreditam em seu potencial, é mais provável que você também acredite. Essa crença compartilhada cria um ambiente propício para o crescimento e a realização. Por outro lado, se as vozes que você ouve são repletas de dúvida e negatividade, isso pode minar sua autoestima e potencial.

Um exercício prático que pode ajudar nesse processo é o mapeamento do seu círculo social. Pegue um papel e desenhe um círculo no centro, representando você. Em volta, adicione as pessoas que fazem parte da sua vida, categorizando-as em diferentes grupos: amigos, familiares, colegas, mentores e conhecidos. À medida que você coloca cada nome no papel, reflita sobre a energia que cada um traz para sua vida. Eles são fontes de apoio ou de estresse? Essa visualização pode ser um ponto de partida para entender melhor como cada relação impacta sua energia e seu bem-estar.

Além disso, ao identificar essas relações, você pode começar a tomar decisões conscientes sobre com quem deseja passar mais tempo. Que tal priorizar aquelas conexões que o inspiram e o motivam? E, ao mesmo tempo, considerar estabelecer limites com aquelas que drenam sua energia? Essa prática não apenas ajuda a proteger sua energia pessoal, mas também permite que você crie um ambiente social mais saudável e positivo.

Lembre-se de que as relações são uma via de mão dupla. Assim como você busca ser inspirado e apoiado, também é importante que você ofereça esse mesmo suporte às pessoas ao seu redor. Cultivar relações saudáveis é um esforço conjunto, onde cada um se compromete a elevar o outro. Ao fazer isso, você não apenas enriquece sua própria vida, mas também contribui para o crescimento e a felicidade dos que estão ao seu redor.

Este capítulo é um convite para que você reavalie e fortaleça seu círculo social. Que você possa reconhecer o poder das relações em sua jornada e, ao mesmo tempo, se comprometer a ser uma presença energizante na vida dos outros. Afinal, juntos, podemos criar um ambiente que favoreça o crescimento, a realização e a transformação. Que essa reflexão o inspire a cultivar conexões que elevem sua energia e o conduzam a um caminho de realização e propósito.

Cultivando Relações Energizantes

Quando falamos sobre relações interpessoais, é essencial lembrar que elas não são apenas interações passageiras, mas sim vínculos que podem moldar nossa realidade e influenciar profundamente nossa jornada. Para cultivar relações energizantes, precisamos adotar uma abordagem ativa e consciente. Vamos explorar algumas estratégias que podem ajudar a nutrir essas conexões valiosas.

A comunicação aberta é uma das chaves para fortalecer qualquer relacionamento. Isso significa estar disposto a expressar sentimentos, compartilhar vulnerabilidades e ouvir com empatia. Imagine um cenário em que você se sente à vontade para falar sobre suas alegrias e desafios com um amigo. Essa troca não apenas cria um espaço seguro, mas também fortalece os laços, permitindo que ambos se sintam apoiados e compreendidos. Ao cultivar um ambiente onde a comunicação flui livremente, você constrói uma fundação sólida para relações duradouras.

A vulnerabilidade é uma ferramenta poderosa nesse processo. Muitas vezes, temos medo de nos abrir completamente, temendo o julgamento ou a rejeição. No entanto, ao mostrar nossa verdadeira essência, convidamos os outros a fazer o mesmo. Pense em como você se sente ao ver alguém se abrir sobre suas lutas. Essa honestidade cria um espaço de conexão genuína, onde as pessoas se sentem à vontade para ser autênticas. Ao praticar a vulnerabilidade, você não apenas fortalece suas relações, mas também inspira os outros a fazer o mesmo.

Estabelecer limites saudáveis é igualmente crucial. Em um mundo onde somos constantemente bombardeados por demandas e expectativas, aprender a dizer "não" é uma habilidade vital. Isso não significa se afastar das pessoas que amamos, mas sim proteger nossa energia e bem-estar. Ao definir limites claros, você permite que as relações se desenvolvam de maneira saudável e respeitosa. Pergunte-se: "Essas interações estão me energizando ou drenando minha vitalidade?" Se a resposta for a segunda, talvez seja hora de reavaliar a dinâmica.

Histórias inspiradoras de transformação nas relações podem nos ensinar muito sobre o poder da conexão. Considere a trajetória de Juliana, que sempre se sentiu isolada em sua vida profissional. Após um período de reflexão, ela decidiu buscar um grupo de apoio de colegas que compartilhavam interesses semelhantes. Com o tempo, Juliana não apenas fez novas amizades, mas também encontrou um espaço onde suas ideias eram valorizadas. Essa mudança não só revitalizou sua carreira, mas também trouxe um novo senso de pertencimento e propósito.

Outro exemplo é o de Lucas, que enfrentou uma fase difícil em sua vida pessoal. Ele percebeu que algumas de suas amizades não eram saudáveis e estavam drenando sua energia. Com coragem, Lucas decidiu se afastar dessas relações e se cercar de pessoas que o apoiavam e encorajavam. Essa mudança foi transformadora; ele começou a se sentir mais confiante e motivado a seguir seus sonhos. A história de Lucas nos lembra que, ao priorizar relações que nos elevam, podemos criar um ambiente propício para o crescimento pessoal.

Ao refletir sobre suas próprias relações, pergunte-se: quais conexões me energizam? Quais me drenam? Que passos posso dar para fortalecer as relações que são valiosas para mim? Ao cultivar relações energizantes, você não apenas enriquece sua vida, mas também se torna uma fonte de inspiração e apoio para os outros. Que essa jornada de transformação nas suas relações seja um convite para criar um círculo social que eleva sua energia e o conduz a uma vida mais plena e significativa.

O Impacto Coletivo das Relações

Ao refletirmos sobre a influência das relações em nossas vidas, é essencial perceber que não estamos isolados em nossas experiências. Cada conexão que cultivamos não apenas molda nossa realidade pessoal, mas também se entrelaça com a consciência coletiva que permeia a sociedade. As relações interpessoais possuem um poder transformador que vai além do individual; elas têm a capacidade de criar ondas de mudança que reverberam em comunidades inteiras.

Quando nos unimos em torno de causas comuns, estabelecemos um ambiente propício para a transformação social. Pense em movimentos que surgiram a partir de conexões interpessoais significativas, como as lutas pelos direitos civis, a defesa do meio ambiente ou a promoção da igualdade de gênero. Esses movimentos não foram criados por indivíduos isolados, mas por grupos de pessoas que se uniram, compartilhando suas histórias e experiências. A força dessas relações gerou uma energia coletiva que se tornou um motor para a mudança.

Um exemplo notável é o movimento "Me Too", que ganhou força através das vozes de muitas mulheres que compartilharam suas experiências de assédio e abuso. Essas conexões, inicialmente pessoais, se transformaram em uma onda de solidariedade que ecoou em todo o mundo, desafiando normas sociais e promovendo mudanças significativas nas políticas de comportamento em ambientes de trabalho. A força desse movimento reside na união de vozes individuais, que juntas, criaram um impacto coletivo poderoso.

Agora, pergunte-se: como você pode se tornar um agente de mudança em seu círculo social? A resposta começa com a consciência de que suas relações têm um papel vital na construção de um ambiente social positivo. Você pode começar a cultivar conexões que não apenas elevem sua energia, mas que também inspirem os outros ao seu redor. Cada pequeno ato de bondade, cada conversa encorajadora, contribui para uma rede de apoio que pode transformar vidas.

Uma maneira prática de se envolver nessa transformação é identificar causas que ressoem com seus valores e se conectar com pessoas que compartilham essa paixão. Participe de grupos comunitários, envolva-se em projetos sociais ou simplesmente comece conversas significativas com amigos e familiares sobre questões que importam. Ao fazer isso, você se torna parte de um movimento maior que busca a mudança, não apenas para si mesmo, mas para todos.

Além disso, lembre-se de que o impacto coletivo das relações também se estende à forma como nos comunicamos. A linguagem que usamos, as histórias que contamos e as experiências que compartilhamos têm o poder de moldar a percepção da realidade. Ao adotar uma abordagem positiva e encorajadora em suas interações, você contribui para a criação de uma cultura de apoio e resiliência.

Este capítulo é um convite à ação. Que você possa refletir sobre suas relações e se comprometer a ser uma força positiva em seu círculo social. Ao cultivar conexões que energizam e inspiram, você não apenas transforma sua própria vida, mas também se torna um agente de mudança que contribui para um mundo mais consciente e solidário. Que cada relação que você nutre seja uma semente de transformação, germinando em um futuro repleto de possibilidades e esperança.

CAPÍTULO 10:
O Despertar da Consciência Coletiva

A Interconexão das Consciências

Vivemos em um mundo onde as energias se entrelaçam, formando uma rede invisível que conecta cada um de nós. Essa rede é o que chamamos de consciência coletiva, um conceito que transcende o individual e nos convida a refletir sobre a interdependência de nossas experiências e emoções. A consciência coletiva é a soma das consciências individuais, e ela se manifesta nas interações humanas de maneiras que muitas vezes não percebemos.

Pense por um momento nas emoções que sentimos em um evento coletivo, como um show, uma manifestação ou uma celebração. A energia que flui nesse espaço é palpável, e todos nós contribuímos para ela. Quando estamos juntos, nossas vibrações se misturam, criando uma atmosfera única que pode ser energizante ou opressora. Essa é a essência da consciência coletiva: somos todos parte de um todo maior, e cada um de nós tem um papel a desempenhar.

A influência das energias coletivas é profunda. Nossas decisões, comportamentos e até mesmo nossos pensamentos são moldados pelas energias que nos cercam. Quando estamos em um ambiente positivo, onde as pessoas compartilham sonhos e aspirações, é mais fácil acreditar em nossas próprias capacidades. Por outro lado, em um espaço carregado de negatividade, podemos sentir desmotivados e inseguros. Essa dinâmica nos ensina que as energias que trocamos têm um impacto direto em nossa vida e na dos outros.

Histórias de transformações sociais muitas vezes começam com uma mudança na consciência coletiva. Lembre-se do movimento pelos direitos civis, que ganhou força quando um grupo de indivíduos começou a se unir em torno de um ideal comum: a busca pela igualdade. Cada voz que se levantou, cada ato de coragem, contribuiu para uma onda de mudança que reverberou por todo o mundo. Esses momentos históricos nos mostram que a consciência coletiva não é apenas um conceito abstrato, mas uma força real que pode catalisar transformações significativas.

Outro exemplo poderoso é a luta pela proteção do meio ambiente. Nos últimos anos, vimos um aumento na conscientização sobre a crise climática, impulsionado por vozes que se uniram para exigir mudanças. Essa nova percepção coletiva, alimentada por informações e experiências compartilhadas, está moldando políticas e comportamentos ao redor do globo. A consciência coletiva é, portanto, um reflexo do que valorizamos e desejamos ver no mundo.

À medida que nos aprofundamos na ideia de consciência coletiva, somos convidados a considerar nosso papel dentro desse sistema. Como podemos contribuir para uma energia coletiva que eleva e inspira? A resposta começa com a consciência de que nossas ações e intenções têm um peso. Cada pequeno gesto de bondade, cada palavra de encorajamento, pode ser uma semente de transformação que, quando cultivada, floresce em algo grandioso.

Neste momento, reflita sobre suas próprias interações. Você está contribuindo para uma consciência coletiva que promove o bem-estar e a evolução? Ou, sem perceber, pode estar perpetuando padrões de negatividade? Ao tomar consciência de suas ações e suas energias, você se torna um agente de mudança, não apenas em sua vida, mas na vida daqueles ao seu redor.

O despertar da consciência coletiva é um convite para que cada um de nós assuma a responsabilidade por nossas vibrações e pela energia que emitimos. Ao nos unirmos em torno de propósitos comuns e cultivarmos relações que elevam, podemos criar um impacto duradouro, transformando não apenas nossas vidas, mas também o mundo em que vivemos.

A Responsabilidade Individual

Quando falamos sobre a consciência coletiva, é fundamental reconhecer que cada um de nós desempenha um papel crucial nessa dinâmica. A responsabilidade individual é um conceito poderoso que nos convida a refletir sobre como nossas ações e intenções impactam não apenas nossas vidas, mas também a vida daqueles ao nosso redor. Cada escolha que fazemos, cada palavra que pronunciamos, tem o potencial de influenciar a energia coletiva e moldar a realidade que compartilhamos.

Imagine um pequeno gesto de bondade, como segurar a porta para alguém ou oferecer um sorriso a um estranho. Esses atos simples podem parecer insignificantes à primeira vista, mas, na verdade, têm o poder de criar um efeito dominó de positividade. Quando você age com intenção e compaixão, não apenas eleva sua própria energia, mas também inspira os outros a fazer o mesmo. Essa é a essência da responsabilidade individual: entender que somos agentes de mudança em nossas comunidades e no mundo.

Para se tornar um agente de transformação, é importante cultivar uma consciência constante sobre nossas interações. Pergunte-se: como estou contribuindo para o ambiente ao meu redor? Estou espalhando positividade ou negatividade? Ao se tornar mais consciente de suas ações, você pode começar a alinhar suas intenções com o que realmente deseja ver no mundo. Essa prática de autoavaliação é um passo poderoso em direção a uma vida mais intencional e significativa.

Uma maneira prática de incorporar essa responsabilidade em sua vida é estabelecer intenções diárias. Ao acordar, reserve um momento para refletir sobre como você deseja se comportar e impactar os outros ao longo do dia. Essas intenções podem ser simples, como "hoje, escolho ser gentil" ou "hoje, vou ouvir ativamente aqueles ao meu redor". Ao definir essas intenções, você cria um compromisso consigo mesmo de ser uma força positiva no mundo.

Estudos de caso de indivíduos que se tornaram conscientes de seu impacto nas comunidades são inspiradores. Considere a história de Ana, uma professora que decidiu implementar práticas de mindfulness em sua sala de aula. Ao promover um ambiente de calma e atenção plena, Ana não apenas transformou a experiência de aprendizado de seus alunos, mas também os incentivou a se tornarem mais conscientes de suas próprias ações. Essa mudança não só beneficiou a sala de aula, mas reverberou na comunidade escolar, criando um espaço mais harmonioso e colaborativo.

Outro exemplo é o de Carlos, que, após uma experiência transformadora em um retiro espiritual, decidiu dedicar seu tempo a projetos de voluntariado. Ao se envolver com sua comunidade, Carlos não apenas ajudou os necessitados, mas também inspirou outros a se unirem a ele nessa jornada de serviço. A energia positiva gerada por suas ações coletivas resultou em mudanças significativas na vida de muitas pessoas.

Ao refletir sobre sua própria jornada, lembre-se de que cada um de nós possui a capacidade de influenciar a consciência coletiva. A prática da responsabilidade individual não é apenas sobre o que fazemos, mas também sobre como nos conectamos com os outros. Ao cultivar relações baseadas na empatia, na compreensão e no apoio mútuo, criamos uma rede de energia positiva que pode transformar realidades.

Este capítulo é um convite para que você assuma a responsabilidade por suas ações e se torne um agente de mudança em sua comunidade. Que você possa reconhecer o poder que possui em suas mãos e como, ao agir com intenção, pode contribuir para uma consciência coletiva que eleva a todos. A transformação começa com você, e cada pequeno gesto conta. Ao se comprometer a ser uma força positiva, você não apenas transforma sua própria vida, mas também inspira outros a fazer o mesmo, criando um impacto duradouro e significativo no mundo.

Movimentos Sociais e a Nova Consciência

Nos dias atuais, observamos um despertar crescente da consciência coletiva, refletido em diversos movimentos sociais que emergem ao redor do mundo. Esses movimentos, que vão desde a luta por justiça social até a defesa do meio ambiente, são impulsionados por uma nova percepção coletiva que reconhece a interconexão entre todos nós. Ao analisarmos esses movimentos, fica claro que eles não são apenas reações a injustiças, mas sim manifestações de uma consciência que se expande e se transforma.

Um exemplo poderoso é o movimento Black Lives Matter, que ganhou força global em resposta à brutalidade policial e à desigualdade racial. O que começou como uma hashtag nas redes sociais rapidamente se transformou em um clamor coletivo por justiça e igualdade. Esse movimento demonstra como a consciência coletiva pode ser ativada por meio de experiências compartilhadas, onde as vozes individuais se unem em um coro poderoso. A energia gerada por essa união não apenas sensibiliza a sociedade, mas também pressiona por mudanças significativas nas políticas e nas percepções sociais.

Outro exemplo é o movimento ambientalista, que tem se fortalecido à medida que a crise climática se torna cada vez mais evidente. Jovens ativistas, como Greta Thunberg, têm mobilizado milhões de pessoas ao redor do mundo, convocando uma ação urgente em defesa do planeta. A força desse movimento reside na capacidade de conectar indivíduos a uma causa maior, despertando um senso de responsabilidade coletiva. A consciência ambiental não é mais uma preocupação isolada; é uma questão que afeta a todos nós, e a união de esforços é essencial para enfrentar os desafios globais.

A essência desses movimentos está na empatia e na construção de conexões autênticas. Quando as pessoas se reúnem em torno de um propósito comum, elas não apenas compartilham suas experiências, mas também criam um espaço seguro para a vulnerabilidade e a compreensão mútua. Essa empatia é o combustível que alimenta a consciência coletiva, permitindo que as vozes sejam ouvidas e que as mudanças sejam impulsionadas. A construção de relações baseadas na confiança e na solidariedade é fundamental para fortalecer essa nova consciência.

No entanto, promover uma consciência coletiva não é isento de desafios. Muitas vezes, nos deparamos com a resistência de sistemas estabelecidos que se opõem à mudança. É nesse contexto que a coragem e a perseverança se tornam essenciais. Cada um de nós pode ser um agente de mudança, desafiando normas e preconceitos, e incentivando outros a fazer o mesmo. A consciência coletiva é um reflexo do que valorizamos como sociedade, e cabe a nós moldá-la por meio de nossas ações e intenções.

À medida que refletimos sobre a importância da empatia e da conexão, somos chamados a agir. Que tal se envolver em causas que ressoam com seus valores pessoais? Participar de grupos comunitários, apoiar iniciativas locais ou simplesmente se engajar em conversas significativas com amigos e familiares pode ser um ponto de partida poderoso. Cada pequena ação conta e contribui para a construção de uma consciência coletiva mais forte e solidária.

Este capítulo é um convite para que você reconheça o poder dos movimentos sociais que emergem da consciência coletiva. Que você possa se inspirar nas histórias de transformação e se comprometer a ser uma voz ativa em sua comunidade. Ao cultivar empatia e conexões autênticas, você não apenas contribui para a mudança, mas também se torna parte de um movimento maior que busca um mundo mais justo e equilibrado. Que este despertar da consciência coletiva o inspire a agir e a se conectar com aqueles que compartilham sua visão de um futuro melhor.

Convite à Ação

Agora que exploramos a interconexão das consciências e a responsabilidade individual, é hora de transformar essa reflexão em ação. Cada um de nós possui o poder de ser um agente de mudança, e esse capítulo é um convite para que você se envolva ativamente em causas que ressoam com seus valores e crenças. A mudança começa dentro de nós, mas se expande para o mundo ao nosso redor.

Para se tornar um agente de mudança, comece identificando as causas que mais lhe tocam. Pergunte-se: o que realmente importa para mim? Quais questões sociais ou ambientais despertam minha paixão? Ao encontrar essas respostas, você poderá direcionar sua energia e suas ações para áreas que não apenas o inspiram, mas também têm o potencial de impactar positivamente a vida de outras pessoas.

Uma maneira prática de começar é se envolver em grupos ou organizações que compartilham seus interesses. Se você se preocupa com a justiça social, busque ONGs ou movimentos que atuem nessa área. Se a proteção do meio ambiente é sua paixão, considere participar de iniciativas locais de preservação ou de conscientização. Essas conexões não apenas o ajudarão a se sentir parte de algo maior, mas também permitirão que você faça a diferença de maneira concreta.

Além disso, considere a importância da autoavaliação contínua. Reserve um tempo para refletir sobre suas ações e suas interações diárias. Você está contribuindo positivamente para o ambiente ao seu redor? Está sendo uma fonte de inspiração para os outros? Ao cultivar essa consciência, você poderá ajustar seu comportamento e suas intenções para se alinhar ainda mais com a energia que deseja emitir.

Proponho também alguns exercícios que podem ajudá-lo a se conectar mais profundamente com sua intenção de agir. Um exercício simples é escrever uma carta para si mesmo, descrevendo suas aspirações e o impacto que deseja ter no mundo. Guarde essa carta em um lugar especial e leia-a regularmente para se lembrar de seu compromisso. Outro exercício é criar um mural de visões, onde você pode colocar imagens e palavras que representem suas metas e causas. Isso servirá como um lembrete constante do que você deseja alcançar.

Lembre-se de que cada pequena ação conta. Às vezes, um simples gesto de bondade pode desencadear uma onda de positividade ao seu redor. Seja um exemplo de empatia e compaixão, e observe como isso pode inspirar os outros a seguir seu exemplo. Ao se comprometer a agir com intenção, você não apenas transforma sua vida, mas também se torna parte de uma mudança maior.

Por fim, quero deixar uma mensagem de esperança. O mundo está em constante transformação, e cada um de nós tem um papel a desempenhar nessa jornada. À medida que você se torna mais consciente de suas ações e se envolve em causas que importam, lembre-se de que sua energia é contagiante. Ao elevar sua vibração e se conectar com outros que compartilham sua visão, você contribui para a construção de uma consciência coletiva que pode transformar realidades.

Que este convite à ação o inspire a se tornar um agente de mudança em sua comunidade e no mundo. Cada passo que você dá em direção à transformação é um passo em direção a um futuro mais brilhante e esperançoso para todos nós. Ao final, lembre-se de que você é uma parte essencial do multiverso, e sua energia pode fazer toda a diferença.

CAPÍTULO 11:
Exercitando o Poder da Manifestação

Introdução à Manifestação

Manifestar é muito mais do que simplesmente desejar algo. Trata-se de um processo profundo que envolve a utilização da energia pessoal e a conexão com a consciência coletiva. Quando falamos em manifestação, estamos nos referindo à habilidade de criar realidades a partir de nossas intenções e vibrações. É um ato de cocriação, onde cada um de nós desempenha um papel ativo na construção do nosso mundo.

A manifestação se torna ainda mais poderosa quando alinhamos nossas intenções com o que realmente desejamos. Ter clareza sobre o que queremos é fundamental. Quando definimos intenções específicas, estamos não apenas focando nossa energia, mas também abrindo espaço para que o universo responda a essas vibrações. Imagine que suas intenções são como sementes plantadas em um solo fértil. Se você souber exatamente o que deseja cultivar, poderá nutrir essas sementes com amor e dedicação, permitindo que floresçam em sua vida.

Por exemplo, se você deseja atrair um novo emprego, é importante que sua intenção não seja apenas "quero um emprego", mas sim "quero um emprego que me traga satisfação e crescimento pessoal". Essa especificidade torna sua intenção mais poderosa, pois você está se conectando emocionalmente com o que realmente deseja. À medida que você se alinha com essa intenção, sua energia se transforma, e você começa a atrair oportunidades que estão em sintonia com o que busca.

É crucial lembrar que a manifestação não ocorre isoladamente. Ela está intimamente ligada à consciência coletiva e à responsabilidade individual discutidas no capítulo anterior. Nossas intenções não apenas afetam nossas vidas, mas também influenciam o ambiente ao nosso redor. Quando manifestamos com consciência, contribuímos para uma energia coletiva que pode elevar todos à nossa volta. Portanto, ao se comprometer com suas intenções, você também está fazendo parte de um movimento maior, onde cada ação positiva reverbera e impacta a vida de outros.

Neste capítulo, convido você a explorar o poder da manifestação e a descobrir como pode exercitá-lo em sua vida diária. Vamos juntos desvendar as práticas e técnicas que podem ajudá-lo a transformar suas intenções em realidades tangíveis. Ao longo do caminho, reflita sobre suas próprias experiências e considere como você pode se tornar um agente ativo na criação do seu mundo. A jornada da manifestação começa com um passo, e esse passo é a sua intenção.

Práticas Diárias de Manifestação

Quando se trata de manifestação, o primeiro passo é trazer à tona a clareza sobre o que você realmente deseja. É como se estivéssemos pintando um quadro: quanto mais nítidas forem as cores e os detalhes, mais viva será a obra. Para isso, é essencial incorporar práticas diárias que ajudem a sintonizar sua energia com suas intenções. Vamos explorar algumas técnicas que podem ser facilmente integradas ao seu cotidiano.

Uma das mais poderosas é a visualização. Reserve alguns minutos do seu dia em um local tranquilo, onde você possa se concentrar sem distrações. Feche os olhos e imagine-se vivendo a realidade que deseja manifestar. Sinta cada emoção que essa nova realidade traz: a alegria, a gratidão, a satisfação. Quanto mais vívida for a sua visualização, mais forte será a sua conexão com essa intenção. É como se você estivesse enviando um pedido ao universo, repleto de emoção e clareza.

As afirmações são outra ferramenta poderosa. Elas funcionam como mantras que reprogramam sua mente e alinham suas crenças com suas intenções. Crie afirmações positivas que reflitam o que você deseja manifestar. Por exemplo, se você busca uma nova oportunidade de trabalho, uma afirmação como "Eu atraio oportunidades que me trazem alegria e crescimento" pode ser eficaz. Repita essas afirmações diariamente, especialmente ao acordar e antes de dormir, momentos em que sua mente está mais receptiva.

A meditação focada também é uma prática valiosa. Dedique um tempo para se conectar com sua essência e alinhar suas energias. Durante a meditação, concentre-se em sua intenção, visualizando-a como uma luz que se expande a partir do seu coração. Sinta essa luz preenchendo cada parte do seu ser e irradiando para o mundo ao seu redor. Essa prática não apenas fortalece sua intenção, mas também promove um estado de paz e clareza mental.

Outro aspecto importante é a criação de um ritual de manifestação. Um ritual é uma forma de honrar suas intenções e dedicar um tempo específico para se conectar com elas. Escolha um espaço em sua casa onde você se sinta confortável e inspirado. Adicione elementos simbólicos que representem suas intenções, como velas, cristais ou imagens que evocam o que você deseja manifestar. Ao estabelecer um tempo regular para esse ritual, você cria um espaço sagrado para a prática da manifestação.

Um exercício prático que pode ser muito eficaz é o diário de intenções. Dedique um caderno apenas para suas intenções e reflexões sobre o processo de manifestação. Escreva suas intenções de forma clara e específica, e, em seguida, registre suas emoções e experiências à medida que avança. Isso não apenas ajuda a manter o foco, mas também permite que você observe o progresso e as mudanças que ocorrem em sua vida.

À medida que você começa a incorporar essas práticas em sua rotina, lembre-se de que a manifestação é um processo contínuo. É importante celebrar cada pequeno progresso, cada sinal de que suas intenções estão se manifestando. Essa celebração alimenta a energia positiva e a motivação para continuar.

Por fim, ao se engajar nessas práticas diárias, você não apenas se alinha com suas intenções, mas também se torna um farol de energia positiva para aqueles ao seu redor. Sua prática de manifestação pode inspirar outros a fazer o mesmo, criando uma onda de positividade e transformação. Ao exercitar o poder da manifestação, você não está apenas moldando sua própria realidade, mas também contribuindo para a criação de um mundo mais vibrante e alinhado com as melhores intenções.

Histórias de Sucesso e Fracasso

À medida que nos aprofundamos no poder da manifestação, é essencial reconhecer que cada jornada é única, repleta de altos e baixos. Vamos explorar algumas histórias inspiradoras de indivíduos que conseguiram manifestar suas intenções com sucesso, bem como casos em que o processo não ocorreu como esperado. Essas narrativas não apenas nos motivam, mas também nos oferecem lições valiosas sobre a resiliência e a persistência necessárias para trilhar esse caminho.

Um exemplo marcante é o de Fernanda, uma jovem artista que sempre sonhou em expor suas obras em uma galeria renomada. Desde cedo, ela visualizava suas pinturas adornando as paredes de um espaço vibrante, onde as pessoas pudessem apreciar sua arte. Para tornar esse sonho realidade, Fernanda começou a praticar visualização diariamente. Ela se imaginava em sua galeria, sentindo a emoção de ver os visitantes admirando suas criações. Além disso, ela desenvolveu afirmações como: "Minha arte é reconhecida e apreciada por muitos". Com o tempo, Fernanda não apenas conquistou uma exposição, mas sua carreira decolou, levando-a a ser uma artista respeitada em sua comunidade. Essa história nos lembra da força que a clareza de intenção e a prática diária podem ter na realização de sonhos.

Por outro lado, há também lições valiosas a serem aprendidas com os fracassos. Lucas, por exemplo, tinha o desejo ardente de abrir seu próprio negócio. Ele visualizava uma loja próspera, mas, ao longo do processo, se deixou levar pela ansiedade e pelo medo do fracasso. Em vez de estabelecer intenções claras e positivas, Lucas se concentrou nas razões pelas quais seu negócio poderia não dar certo. Essa energia negativa acabou se manifestando em sua realidade, e o negócio não prosperou como ele esperava. No entanto, ao refletir sobre essa experiência, Lucas percebeu que suas crenças limitantes e a falta de confiança em si mesmo foram os principais obstáculos. Ele utilizou essa experiência como um aprendizado, reavaliando suas intenções e adotando uma abordagem mais positiva.

Essas histórias nos mostram que a manifestação é um processo que envolve não apenas a definição de intenções, mas também a disposição para aprender e se adaptar. A resiliência é uma qualidade fundamental. Quando enfrentamos desafios, é crucial lembrar que cada obstáculo pode ser uma oportunidade disfarçada. O fracasso não é o fim da jornada, mas um convite para reavaliar nossas intenções e abordagens.

Ao refletir sobre suas próprias experiências com a manifestação, pergunte-se: quais são os padrões que você tem observado? Você se permitiu ser guiado por sua intuição e emoções, ou se deixou levar por medos e inseguranças? Essa autoavaliação é um passo crucial para entender como você pode melhorar sua prática de manifestação.

Convido você a registrar suas próprias histórias de sucesso e fracasso em um diário. Ao escrever sobre suas experiências, você poderá identificar padrões, celebrar conquistas e aprender com os desafios. Essa prática não apenas fortalece sua conexão com o processo de manifestação, mas também serve como um lembrete constante de que você é um cocriador ativo de sua realidade. Cada passo, cada intenção e cada reflexão são parte de uma jornada transformadora que pode levar a resultados surpreendentes.

A Importância da Paciência e Persistência

Quando falamos sobre manifestação, é essencial entender que o tempo é um aliado, não um inimigo. Muitas vezes, na ânsia de ver nossos desejos se concretizarem, esquecemos que a manifestação é um processo que pode exigir tempo e dedicação. Imagine a analogia de uma planta que cresce: não podemos esperar que uma semente se transforme em uma árvore frondosa da noite para o dia. É preciso água, luz, cuidados constantes e, acima de tudo, paciência. Da mesma forma, nossas intenções precisam de um ambiente propício para florescer.

A paciência é uma virtude que se cultiva. Ao manifestar, é vital lembrar que o universo tem seu próprio ritmo. Às vezes, o que desejamos não chega imediatamente, e isso não significa que nossas intenções não estejam sendo ouvidas. Pode ser que o universo esteja preparando o cenário perfeito para que nossos sonhos se realizem. Essa espera pode ser uma oportunidade de crescimento pessoal. Em vez de desanimar, use esse tempo para se fortalecer e se alinhar ainda mais com suas intenções. Pergunte-se: "O que posso aprender enquanto espero?" Essa reflexão pode trazer insights valiosos e fortalecer sua determinação.

A persistência, por sua vez, é a força que nos impulsiona a continuar, mesmo diante de desafios. É comum encontrar obstáculos no caminho da manifestação. No entanto, cada desafio pode ser visto como uma lição, uma oportunidade para ajustar nossas abordagens e reafirmar nossas intenções. É nesse momento que a resiliência se torna fundamental. Ao invés de se deixar abater, busque reavaliar suas estratégias. Pergunte-se: "O que posso fazer de diferente?" Essa atitude proativa não apenas mantém sua energia elevada, mas também abre novas portas para a realização de seus desejos.

Inspire-se em figuras que exemplificam a persistência. Pense em Thomas Edison, que falhou milhares de vezes antes de inventar a lâmpada. Para ele, cada fracasso era um passo mais próximo do sucesso. Ou em J.K. Rowling, que enfrentou inúmeras rejeições antes de ver sua obra, Harry Potter, se tornar um fenômeno mundial. Essas histórias nos lembram que a persistência e a paciência são chaves para a realização de grandes sonhos.

Ao final deste capítulo, convido você a se comprometer com a prática da manifestação de maneira consistente e intencional. Lembre-se de que cada pequena ação conta na construção de sua realidade. Reserve um tempo diariamente para nutrir suas intenções, seja através de visualizações, afirmações ou rituais. Ao fazer isso, você não apenas se alinha com suas metas, mas também se torna um farol de esperança e inspiração para aqueles ao seu redor.

A manifestação é uma jornada, e cada passo que você dá é um passo em direção ao seu futuro desejado. Cultive a paciência e a persistência, e observe como o universo começa a responder às suas intenções. Você é um cocriador de sua realidade, e sua energia é poderosa. Que você possa abraçar essa jornada com fé e determinação, sabendo que cada momento de espera é uma oportunidade para crescer e se alinhar ainda mais com seus sonhos.

CAPÍTULO 12:
Encerramento

Recapitulação dos Aprendizados

Ao chegarmos ao final desta jornada, é fundamental parar e refletir sobre tudo que exploramos juntos. O conceito de multiverso não é apenas uma ideia abstrata, mas uma realidade palpável que nos convida a compreender a profundidade da energia pessoal que reside em cada um de nós. Ao longo dos capítulos, discutimos como a energia que emitimos molda nossas experiências e como nossas crenças e percepções influenciam essa energia. Cada um de nós é um agente ativo na criação de nossa realidade, e essa responsabilidade é tanto um privilégio quanto um desafio.

Revisitamos a importância de ter clareza em nossas intenções. Quando alinhamos nossas ações com o que realmente desejamos, abrimos portas para oportunidades que antes pareciam distantes. Cada intenção é uma semente plantada no solo fértil do nosso ser, e o cuidado que damos a essas sementes determinará a colheita que teremos. A manifestação, como vimos, é um processo que exige não apenas desejo, mas também comprometimento e prática diária.

Além disso, discutimos a interconexão entre todos os temas abordados. A energia pessoal, as crenças, a espiritualidade e a consciência coletiva estão entrelaçadas de maneira intrínseca. Cada capítulo nos trouxe ferramentas e reflexões que, quando integradas, formam um todo coeso. Ao trabalharmos em nossa energia pessoal, estamos também contribuindo para a consciência coletiva, impactando não apenas nossas vidas, mas também as vidas das pessoas ao nosso redor.

Convido você a olhar para sua própria jornada. Quais aprendizados ressoam mais profundamente com você? Como você pode aplicar esses conceitos em sua vida diária? A reflexão é uma ferramenta poderosa que nos permite reconhecer o progresso que fizemos e as áreas que ainda podemos explorar. Cada um de nós tem uma história única, e a forma como escolhemos utilizar o conhecimento adquirido aqui pode ser um catalisador para mudanças significativas.

Lembre-se de que a jornada espiritual não termina aqui. Ao contrário, ela se expande à medida que você continua a integrar essas práticas e ensinamentos em seu cotidiano. Cada novo dia é uma oportunidade para aprofundar sua conexão com sua essência e com o universo ao seu redor. Que você possa levar consigo as lições aprendidas e utilizá-las como um guia em sua caminhada. A energia que você emite, as intenções que você estabelece e a consciência que você cultiva são os alicerces de uma vida plena e significativa.

A Continuidade da Jornada Espiritual

Ao chegarmos ao final deste livro, é essencial compreender que a jornada espiritual não se encerra com a última página lida. Na verdade, ela se expande e se transforma, assim como as ondas de um lago que se propagam após uma pedra ser lançada. Cada aprendizado, cada prática e cada reflexão que você incorporou ao longo desta leitura são convites para uma nova fase de autodescoberta e crescimento.

Incentivo você a ver a espiritualidade como um caminho contínuo, repleto de oportunidades para evolução. A vida é um fluxo constante de experiências que nos oferece lições valiosas, e cada dia traz a chance de aprofundar sua conexão com sua essência e com o universo. Ao adotar essa perspectiva, você se torna um explorador em sua própria existência, sempre aberto a novas descobertas e insights.

Uma das maneiras mais eficazes de manter essa conexão viva é por meio da prática regular de meditação. Reserve alguns minutos diários para se sentar em silêncio, respirar profundamente e se conectar com seu interior. Durante esses momentos, reflita sobre suas intenções, visualize suas metas e sinta a energia que flui dentro de você. Essa prática não apenas acalma a mente, mas também fortalece sua conexão com sua essência espiritual.

Além disso, considere a criação de rituais de manifestação que se tornem parte de sua rotina. Esses rituais podem ser simples, como acender uma vela enquanto expressa suas intenções ou escrever em um diário sobre suas experiências e emoções. O importante é que esses momentos sejam sagrados e dedicados ao seu crescimento pessoal. Eles servirão como lembretes poderosos de que você é um cocriador da sua realidade, capaz de moldar o que deseja manifestar em sua vida.

Outra prática valiosa é a autoavaliação periódica. Reserve um tempo a cada mês ou a cada estação para refletir sobre suas experiências, suas conquistas e os desafios que enfrentou. Pergunte a si mesmo: "O que aprendi com isso? Como posso aplicar esses aprendizados no futuro?" Essa reflexão não só ajuda a monitorar seu progresso, mas também a identificar áreas em que você pode querer se aprofundar ou ajustar suas intenções.

Lembre-se também de que a curiosidade é uma aliada poderosa em sua jornada espiritual. Busque novos conhecimentos, explore diferentes tradições espirituais, participe de workshops e grupos de discussão. Quanto mais você se expõe a novas ideias e perspectivas, mais sua consciência se expande. A espiritualidade é um campo vasto e diversificado, e cada nova descoberta pode enriquecer sua compreensão e prática.

Por fim, ao longo de sua jornada, mantenha sempre em mente a importância de compartilhar suas experiências. Conversar com amigos ou participar de grupos de apoio pode ser uma fonte incrível de inspiração e motivação. Quando você compartilha suas histórias, não apenas fortalece sua própria jornada, mas também inspira os outros a se engajarem em suas práticas espirituais. A troca de experiências cria uma rede de apoio mútuo, onde cada um pode aprender e crescer junto.

A jornada espiritual é uma dança contínua entre o ser e o fazer, entre o interior e o exterior. Ao abraçar essa continuidade, você se torna um agente ativo na criação de sua realidade e na construção de um mundo mais consciente e conectado. Que você possa seguir adiante, sempre em busca de crescimento, aprendizado e transformação, sabendo que cada passo dado é uma contribuição significativa para o multiverso que todos habitamos.

Compartilhar experiências é uma das maneiras mais poderosas de fortalecer a comunidade e criar um impacto positivo na vida dos outros. Ao refletir sobre sua jornada pessoal, você pode perceber como as práticas e ensinamentos deste livro influenciaram sua vida de maneiras profundas e significativas. Cada um de nós possui uma história única, e essas narrativas têm o potencial de ressoar com os outros, inspirando mudanças e transformações.

Convido você a considerar como as práticas de manifestação, a clareza nas intenções e a conexão com sua energia pessoal impactaram seu dia a dia. Você se lembrou de um momento em que uma intenção clara se manifestou em sua vida? Ou talvez tenha enfrentado desafios que, ao serem superados, se tornaram oportunidades de aprendizado? Essas experiências são preciosas e merecem ser compartilhadas.

Uma forma de fazer isso é se unir a grupos de apoio ou participar de comunidades online que compartilham interesses semelhantes. Ao contar sua história, você não apenas valida sua própria jornada, mas também oferece aos outros a coragem de explorar suas próprias experiências. A troca de histórias cria um ambiente de apoio mútuo, onde todos se sentem encorajados a crescer e evoluir.

Além disso, considere utilizar as redes sociais como uma plataforma para compartilhar suas experiências. Uma postagem sincera sobre como você aplicou os princípios deste livro em sua vida pode inspirar amigos e seguidores a refletirem sobre suas próprias jornadas espirituais. Você pode até criar um diário de transformação, onde registra suas experiências e insights, e convida outros a fazer o mesmo. Essa prática não só solidifica seu aprendizado, mas também cria uma rede de apoio que pode se expandir à medida que mais pessoas se juntam a essa conversa.

Lembre-se de que a transformação é um processo coletivo. Cada história que você compartilha tem o potencial de tocar a vida de alguém, despertando neles a vontade de agir e buscar mudanças. Ao se abrir sobre suas experiências, você se torna um farol de esperança e inspiração, mostrando que a jornada espiritual é acessível a todos e que cada um de nós tem um papel a desempenhar na construção de uma consciência coletiva mais elevada.

Por fim, ao compartilhar suas experiências, mantenha sempre a mente e o coração abertos. Esteja disposto a ouvir as histórias dos outros e a aprender com elas. A troca de experiências não é apenas sobre dar, mas também sobre receber. Cada interação pode trazer novos insights e perspectivas que enriquecerão sua própria jornada.

Que você possa se sentir encorajado a compartilhar suas histórias e a se conectar com outros que estão em busca de transformação. Juntos, podemos criar uma rede vibrante de apoio e inspiração, onde cada um de nós se torna um agente de mudança em sua própria vida e na vida dos outros. A jornada é contínua, e cada passo que damos juntos é um passo em direção a um futuro mais iluminado e consciente.

Um Convite à Ação

Ao chegarmos ao final desta jornada, é hora de transformar todo o conhecimento adquirido em ação. A verdadeira mágica da manifestação não reside apenas nas intenções ou nas práticas que discutimos, mas na capacidade de aplicar esses princípios no dia a dia. Cada um de nós possui o poder de ser um agente de mudança, não apenas em nossas vidas, mas também na vida daqueles que nos cercam.

Convido você a refletir sobre como pode incorporar as lições aprendidas em um projeto pessoal significativo. Pense em algo que realmente ressoe com seu coração e que você gostaria de manifestar. Pode ser um sonho antigo, uma meta profissional ou até mesmo um desejo de impactar positivamente a comunidade ao seu redor. Ao escolher um projeto, você não apenas se compromete com suas intenções, mas também se permite experimentar a alegria da criação.

Um desafio prático que pode ser extremamente gratificante é a prática de atos de bondade. Pequenos gestos, como ajudar um amigo, oferecer apoio a um colega ou até mesmo dedicar um tempo para ouvir alguém, podem ter um impacto profundo. Esses atos não apenas elevam sua própria energia, mas também criam um efeito dominó, inspirando outros a fazer o mesmo. Imagine a transformação que pode ocorrer em sua comunidade se cada um de nós se comprometer a realizar um ato de bondade diariamente.

Além disso, considere a criação de um diário de gratidão e intenções. Reserve alguns minutos todos os dias para escrever sobre o que você é grato e quais são suas intenções para o futuro. Essa prática não apenas reforça sua conexão com suas metas, mas também permite que você observe o progresso ao longo do tempo. Ao registrar suas experiências, você pode se surpreender com a quantidade de realizações que surgem a partir de suas intenções.

Por fim, lembre-se de que a transformação começa com pequenos passos. A jornada da manifestação é contínua e, a cada dia, você tem a oportunidade de moldar sua realidade. Ao agir, você não apenas se alinha com suas intenções, mas também se torna um farol de inspiração para aqueles ao seu redor. Sua energia e ações podem criar ondas de mudança, impactando vidas de maneiras que você talvez nunca imagine.

Ao encerrar este livro, deixo você com um convite: abrace sua capacidade de criar e manifestar. Seja ousado em suas intenções, mantenha-se firme em sua prática e lembre-se de que você é um cocriador de sua realidade. A jornada não termina aqui; ela apenas começa. Que você possa seguir adiante com coragem, determinação e a certeza de que cada passo dado é um passo em direção à realização de seus sonhos. O multiverso está à sua espera, pronto para se moldar de acordo com sua energia e intenções.

Um guia prático para desmistificar o poder espiritual, apresentando técnicas simples que podem ser incorporadas ao cotidiano. Convido você a explorar suas crenças pessoais sobre espiritualidade, incentivando a reflexão e a autodescoberta.

Através de práticas acessíveis, motivar a adoção de abordagens alternativas e saudáveis, revelando a verdadeira capacidade de realização e transformação na sua vida. Com uma linguagem clara e inspiradora, esta é uma ferramenta valiosa para quem deseja aprofundar sua conexão espiritual e alcançar um estado de bem-estar.

Querido leitor,

Ao chegarmos ao final desta jornada pelo vasto e fascinante multiverso, quero expressar minha profunda gratidão por você ter se aventurado comigo. Cada página que você virou, cada reflexão que fez, é um passo em direção à expansão da sua consciência e à descoberta do seu verdadeiro potencial.

Lembre-se de que a vida é uma tapeçaria de experiências, interconexões e escolhas. O que você aprendeu aqui não é apenas teoria; é uma ferramenta poderosa que pode transformar sua realidade. A energia pessoal que você emite, as crenças que cultiva e as intenções que estabelece são os ingredientes que moldam seu destino.

Siga em frente, abrace a prática da presença, a manifestação e a conexão com o infinito. Não tenha medo de explorar novas dimensões da sua vida e de se permitir sonhar grande. A transformação começa dentro de você, e cada pequena ação conta.

Que você continue a ser um cocriador consciente da sua realidade, inspirando aqueles ao seu redor com sua luz e autenticidade. O multiverso está à sua disposição, repleto de possibilidades infinitas. Aproveite cada oportunidade, e lembre-se: você é capaz de realizar coisas extraordinárias.

Com carinho e esperança,

Tryv Tuath

AGRADECIMENTOS

Ao meu pai (in memoriam)

Ao concluir este livro, sinto uma profunda gratidão que transborda em meu coração. Primeiramente, agradeço à minha família, meu alicerce e fonte de amor incondicional. Vocês foram meu porto seguro durante todo o processo de escrita, sempre me apoiando e acreditando em mim.

Aos meus clientes, que compartilharam suas experiências e me inspiraram a explorar o poder espiritual, sou eternamente grata. Cada interação me trouxe novas descobertas e insights valiosos, moldando o que venho aplicando e ensinando.

Escrever um livro é uma jornada desafiadora, repleta de altos e baixos. Agradeço a todos que tiveram paciência comigo, especialmente aqueles que colaboraram na criação e experimentação de técnicas que se tornaram inspirações para este trabalho.

Um agradecimento especial à Ana Simões, cuja orientação foi fundamental em minha jornada. Sua sabedoria e apoio foram luzes que iluminaram meu caminho.

Aos meus filhos e ao meu marido, que, ao olharem para mim, refletiram anseios e questionamentos sobre tudo o que eu expressava. Vocês me motivaram a ser uma versão melhor de mim mesma, equilibrando o mundo espiritual com a realidade prática.

Por fim, dedico este livro ao meu pai, que, em seu leito de morte, fez o pedido para que eu escrevesse. Sua última vontade ecoa em cada página, lembrando-me da importância de compartilhar a compreensão da vida e das emoções.

A todos que cruzaram meu caminho, obrigada por fazerem parte desta jornada. Que possamos continuar a explorar juntos o poder espiritual que nos une.

Made in United States
Orlando, FL
13 February 2025

58478646R00081